청색 머플러

청색 머플러

최영애 수필집

수필과비평사

| 작가의 말 |

대자연이 들려준 받아쓰기입니다.

와락 안아주고 맴돌다가는 바람입니다.
창윤한 야생의 숲길에서 청량함을 얻습니다.
숨이 멎을 것 같은 고고한 수직 벼랑과 마주합니다.
파도가 달려와 게워 낸 포말이 피운 하얀 물꽃 정원입니다.
태양 빛이 가득한 황금빛 바다에 출렁이는 물너울이 찬란합니다.
설핏 잠에서 깨어난 듯, 꿈결 같은 몽환적 풍경 속을 하염없이 걸었습니다.
보여주고 들려주는 모든 것들은 파란빛 사유의 길로 안내해 줍니다.
유유자적 살아본 적이 있기라도 했는지 한번 더듬어 봅니다.
새처럼 바람처럼 자유롭고 싶은 그런 때가 있었습니다.
이제 지난 삶을 되돌아보며 애태우지 않습니다.
마음을 정하니 어제의 내가 아닌 듯합니다.

대자연이 일깨워준 깊고 넉넉한 사유들을
모든 이들께 전하고 싶습니다.
자연에 귀 기울였던 이야기입니다.

2024년 청색 바닷길에서
최 영 애

차 례

작가의 말 - 5

제1부

버튼을 누르다 - 13
궤적 - 19
즐거운 헛꿈 - 23
공짜 - 29
오월의 숲길에서 - 33
아뿔싸 - 42
내버린 후 - 46
빨강 힐을 신고 - 51
봄비 - 55
여름날의 회상 - 60

제2부

애완견 유치원 반장 선거 - 67
9회말, 2사 주자 만루 - 72
청색 머플러 - 77
살림꾼 - 83
마음에 심은 나무 - 87
여인, 노을을 읽다 - 92
울음이 배어 있는 집 - 98
하얀 그림, 하얀 그리움 - 104
도다리를 추억하다 - 108
겨울, 비파가 익어간다 - 113

제3부

부네치아에 가다 - 119
식집사 - 123
지워지지 않는 눈빛 - 128
뜻밖에 - 134
광어다多 - 138
멋짐과 아름다움 - 145
바람길을 걷다 - 148
약천사에 들어서다 - 155
푸른 그리움을 붓질하다 - 159
마음에 봄날이 - 165

제4부

애완어魚 - 173
돌, 예술이 되다 - 178
설원에 오르다 - 182
동행 - 188
햇살을 채우다 - 192
그림이 그립다 - 197
아들과 걷는 길 - 202
회귀回歸 - 208
우도봉 등대 - 213
암초꽃 - 218

집필을 마치면서 - 222

제1부

버튼을 누르다

궤적

즐거운 헛꿈

공짜

오월의 숲길에서

아뿔싸

내버린 후

빨강 힐을 신고

봄비

여름날의 회상

owl_A4_watercolor_2024

버튼을 누르다

낯선 길이다. 산길을 걷고 다리를 건너 험한 돌길과 거친 비탈길을 걸었다. 건널목에 서서 초록 신호를 기다렸다. 한참을 기다렸건만 빨간불은 쉬 바뀌지 않는다. 처음에는 신호기 작동을 느슨하게 조작했다고 여겼다. 마음으로는 십여 분이 훨씬 지난 것처럼 길게 느껴진다. 인내심을 발휘하며 한참을 더 기다렸건만 빨간불 신호등은 여전하다. 애가 타면서 슬슬 조바심이 밀려온다.

아무도 없는 한적한 곳이다. 양심을 잠깐 접어두고 자동차가 뜸한 사이에는 교통법규를 슬쩍 위반해도 될 것 같다. 그렇게 한다 해도 날카롭게 바라보는 시선이 없는 곳이니 그리 민망스러울 것도 없지 싶다. 차가 없을 때 잽싸게 뛰어 건너기로 작정했다. 그런데 막 차도로 뛰어들려던 순간 등 뒤에서 옷깃을 잡아챈 것처럼 발길이 멈칫한다.

"에구, 바를 정正 자 최여사의 이력에 흠집 낼 짓은 아니지."

만류하는 아들의 목소리가 환청이 되어 귓전을 스친다. 만사에 자로 재는 듯한 아들이라 순간 마음이 켕긴다. 그랬다. 여태까지 기다렸는데, 위법이야 할 수 없지. 조급한 마음을 진정시키고 더 기다려 보기로 한다.

때에 따라 자신만의 기준으로 살아가는 이들이 있다. 적당히 타협하면 세상을 쉽게 살아간다. 바뀌지 않는 신호등만 멍하게 바라보고 서 있는 융통성 없는 내가 한편으로 참 한심스럽다. 이렇게 산다 한들 세상살이 뭐 달라진 것도 없다. 만사에 소심하니 나만 힘들고 불편할 뿐이다. 그러니 삶에 별수가 있었을 리 만무하다. 늘품성 없이 어디서나 어떤 자리에 서라도 있는 듯 없는 듯 그럭저럭 살아왔을 수밖에. 신호등을 바라보면서 별생각을 다 한다.

잠깐 이어지는 노란불은 청신호가 켜짐을 알려줄 것이다. 나는 촉각을 곤두세우고 온통 신호등에 집중한다. 그러나 빨간 불빛은 변하지 않는다. 무던하게 기다리던 인내심도 한계를 뛰어넘으려 한다. 슬슬 부아가 치민다. 이럴 수는 없다. 틀림없이 신호등에 문제가 생긴 게다. 이제야 깨닫게 되는 이 아둔함.

신고하기로 마음먹었다. 외진 곳이라 그런지 오늘따라 건너야 할 사람은 한 사람도 나타나지 않는다. 그러니 같이 의논해서 해결할 상대도 없다. 고장을 신고하는 연락처를 찾아보려 혹시나 하고 신호등 기둥으로 다가갔다. 이럴 수가. 큰 소리로 그만 허탈한 웃음을 터트리고 말았다. 아마도 이런 나를 누군가 보았다면 실신한 여자로 여겼지 싶다. '빨간 버튼을 누르면 신호가 바뀝니다.'라는 안내 문구가 신호등 기둥에 떡하니 부착되

Heat wave_60.6 x 90.9cm_Oil on Canvas_2022

어 있다. '보행자 작동신호기'는 보행자가 적은 외지고 굴곡진 국도나 교차로에 안전한 교통 상황을 만들기 위해 설치해 놓은 장치다. 횡단보도 대기자가 보행자 버튼을 스스로 눌러 신호를 요청할 수가 있다.

본 적도 경험한 적도 없는 신호기다. 빨간 버튼을 누르면 신호등은 초록불로 바뀌고, 달리던 차들은 정지선에서 멈추게 된다. 그때 보행자는 안전하게 건널목을 건널 수 있다. 제법 오래전부터 있었던 것 같다. 왕래하는 사람이 한적한 건널목에 신호장치가 설치되어 있다는 것을 나는 여태껏 알 턱이 없었다. 더 빨리 판단했더라면 초록 신호를 기다리며 조바심으로 속 태우지 않았을 것을. 세상살이에 예민했던 내가 언제부터 이렇게 무뎌졌을까. 가야 할 길은 너무 먼데, 도착해서 해야 할 일은 기다리고 있는데, 한 걸음이라도 빨리 걸어가야 하는 처지가 아닌가. 건널목에서 발이 묶여 아까운 시간을 낭비한 셈이다.

세상살이도 막힘없이 시원하게 뻥 뚫려 있다면 참 살 만하겠다. 편안하고 안전한 삶이 어디 있을까. 살다 보면 예기치 않은 불행이 닥쳐올 때가 있다. 그것을 막는 방법은 없다. 인생길에도 필요할 때마다 마음대로 작동시킬 수 있는 버튼이 있다면 살아낸 삶이 얼마나 편안했을까. 그랬다면 밀려오는 슬픔도, 치받는 울화도, 고달픈 육신도, 이별의 아픔까지도 모두 버튼을 눌러 정지시키면 된다. 건강과 사랑, 행복한 삶은 무조건 통과시킨다면 즐겁고도 신나며 재미있게 살아볼 만하겠다.

만사가 어설픈 나에게 몇 번이나 노란빛으로 경고 신호를 보냈다. 그 빛에 무심했었다. 이미 손에서 멀어지고 놓친 후에야 깨닫게 되는, 늘 그랬다. 바른 생을 살고자 했지만 살아낸 세월을 되짚어 보니 후회로 남는 일이 적지 않다. 서투르고 어리석고 부끄러웠던 일들이 수두룩 떠오른다. 녹색 신호등을 작동시키는 것처럼, 버튼 하나쯤 가졌다면 작동시켜 내게 일어나는 모든 나쁜 일들을 제어시킬 수 있었을 텐데.

손가락으로 빨간 버튼을 누르면 달리던 차들을 일제히 정지시킬 수 있다. 얼마나 위대한 일인가. 버튼을 누르기만 하면 복종하듯, 번지르르한 승용차도, 위압감을 주는 대형 트럭도, 덩치 큰 버스도 정지선에 멈추게 된다. 이렇게 신호등도 세상에 발맞춰 똑똑하게 진화하고 있다. 외지고 굴곡진 곳을 살펴 보행자를 지켜주고 자동차의 흐름을 방해받지 않게 한다. 안전한 교통 상황을 만들기 위해 영리해진 시설이 등장한 것이다. 신호등을 접하는 새로운 문명 세계에 감탄한다. 교통안전공사가 오늘처럼 대단하게 느껴본 적은 없다. 지루하게 기다리면 다툼이 일던 마음도 어느새 잠잠하게 가라앉는다.

달리는 자동차에 명령하듯 보행자 버튼을 누른다. 바뀌지 않고 속만 태우던 신호등 빨간불이 노란불로 이어 초록불이 켜진다. 멈출 줄 모르고 얄밉게 쌩쌩 달리던 차들이 일제히 양쪽 정지선에 멈춰 선다. 자동차는 언감생심 초록 신호를 거역하지 못한다. 마치 통치자가 군대를 사열하듯, 그 한가운데 길을 당당하게 걸어간다. 멈춰 선 차들을 바라보니 기분이 통쾌하다. 경쾌한 리듬을 타는 것처럼 발걸음이 가볍다.

그래, 인생에 희로애락이 있어야 살 만한 세상인 게지. 내 가는 길을 누가 불 밝혀 주겠는가. 다만 내가 만들어 갈 뿐이지. '운명을 쥐고 있는 것은 별들이 아니라 자신이다.'라고 대문호 셰익스피어가 한 말도 있지 않은가. 잠시 불편했던 감정이 초록빛 신호등에 녹아내린다. 건널목에서 멍청하게 서 있었던 내가, 헛헛한 웃음 한번 웃고 건널목을 건너간다.
바를 정正 자 최여사가 활기찬 걸음으로 남은 길을 걸어간다.

궤적

화가의 집에는 민달팽이도 그림을 그린다. 그림을 좀 아는 사람이 보았다면 그런 농담을 했을지도 모른다. 어떤 색감도 없다. 오로지 선으로만 그어놓았다. 그렇다고 해도 단조로움은 없다. 베란다에 쪼그리고 앉아 희한하고 얄궂게 그어진 벽을 한참 동안 바라보았다.

그것은 민달팽이가 물렁물렁한 몸을 끌고 갈팡질팡 살아낸 생의 길이었음을 깨달았다. 가파른 높이를 버겁게 올랐던 선이 보인다. 어쩔 수 없어 기어가야 했던 구불구불하게 휘어진 길도, 더 이상 나갈 수 없는 벼랑 끝자락도 보인다. 잃어버린 길에서 다시 길을 찾느라 얼마나 헤맸을까. 연한 갈색 페인트로 밑칠된 벽에 온몸을 쥐어짜 밀고 다녔던 끈끈한 점액이 허옇게 말라붙었다. 민달팽이의 고달팠던 삶의 길이 이리저리 뻗어 헝클어지고 꼬여 있다. 거침없이 과감하게 살아낸 흔적이다.

별 욕심 없이 살아가는 이대로 족했다. 그런 내가 유일하게 갖고 싶은 한 가지가 있다면 그것은 두 식구가 먹을 만큼의 푸성귀를 심을 작은 텃밭이었다. 지인들이 소유한 땅에 채소 농사를 짓는 이야기를 할 때면 늘 부러웠다. 마침 텔레비전에서 아파트 베란다에 채소 키우는 과정을 방송했다. 무료하던 터라 한번 도전해보면 가능할 것도 같았다.

빈 상자와 넓은 화분에 흙을 채우고 상추와 토마토, 파, 가지, 오이 모종을 사서 심었다. 자라는 과정을 보려고 시도 때도 없이 베란다에서 보내는 시간이 늘어갔다. 마음을 써야 하니 시간 때우기도 좋았다. 열악한 환경에서 여린 모종이 쭉쭉 잘 자라니 기특하고 대견하다.

처음에는 실패도 있었다. 층이 높은 아파트 베란다에서 채소를 키우기엔 조건이 맞을 리가 없다. 풍성한 포기로 키우려 했던 상추는 웃자라 힘없이 널브러졌다. 넉넉한 풋고추를 기대했건만 꽃은 피웠으나 열매는 달지 못했다. 몇 번의 실패를 거듭하고서야 요령도 생기고 채소마다 키우는 방법도 다름을 터득해 갔다. 베란다 문을 열어 자연 바람을 쐬어주고 적당한 물을 주며 알맞게 거름도 주었다. 정성 들인 실내 텃밭에는 초록 깻잎이 무성하고 실한 고추가 주렁주렁 달렸다. 방울토마토도 조롱조롱 빨갛게 익어간다. 적은 결실이지만 수확하는 기쁨은 뿌듯하고 넉넉하다.

그런 텃밭에 이상한 기미가 보였다. 고춧잎에 구멍이 늘어나기 시작했다. 급기야는 새싹이 올라오는 순까지 잘라먹었다. 아무리 살펴봐도 벌레 한 마리 보이질 않는다. 이제는 깻잎까지 수난을 당하기 시작한다. 베란다 곳곳을 뒤지고 살펴보지만 범인은 찾을 수 없다. 밤새 남은 잎을 먹어치우고 줄기만 앙상할지도 모른다. 그동안 얼마나 애지중지 기른 채소인데 망쳐놓은 텃밭을 보니 괘씸하고 울화가 치민다. 가늠해보니 녀석들은 밤에만 행동하는 야행성이 분명했다. 내 이놈들을 기필코 잡아 대역죄를 물어 능지처참하리라.

밤 열한 시쯤이다. 플래시를 들고 베란다 고추나무를 비춰보다 깜짝 놀랐다. 길쭉한 민달팽이가 고춧잎마다 붙어 느긋하게 배를 채우고 있다. 또 다른 녀석들은 줄기를 타기도 하고 흙바닥에서 저들의 놀이터인 양 여기저기 기어 다닌다. 앙큼하기 짝이 없는 녀석들을 나무젓가락으로 한 마리씩 집어 창밖 숲으로 던져 버렸다. 다 잡았다 싶어 거실에 앉았다가 혹시나 해서 나가면 또 몇 마리가 나타났다. 몇 번을 들락거리며 서른여 마리는 족히 잡은 것 같다. 이후로 밤마다 끝없이 출현하는 달팽이 소탕 작전에 몰입했다. 드디어 치열하게 벌였던 전쟁은 통쾌하게 나의 승리로 끝난 셈이다.

다시 흙을 고르고 열무 씨를 뿌렸다. 오종종히 떡잎이 났다. 민달팽이가 망쳤던 농사를 보상받는 듯 뿌듯하다. 모종을 바라보다 언뜻 고무나무 화분 뒤 벽이 달라 보였다. 화분을 반대쪽으로 옮겨봤다. 80호쯤 되는 베란다 벽에 그어놓은 서들이 예사롭지 않다. 간혹 갤러리에 전시된 그림을 관람할 때의 경험이 떠올랐다. 큐레이터 설명을 듣기 전에는 도대체 무엇을 표현했는지 작가의 의도가 무엇인지 도통 이해가 불가능한 그림들을 숱하게 보아온 터다. 만약 어느 화가가 이처럼 표현했다면 예술작품으로 손색이 없을 듯하다.

그림은 자유분방하다. 민달팽이도 화가의 집이라는 것을 알고 있었을까. 창틈으로 행여 아들의 그림을 훔쳐보았을까. 텃밭의 푸릇한 채소 잎이 뻗어 있는 듯하고, 줄기가 어수선하게 엉클어진 작은 풀숲이 느껴진다.

넓은 들 풍성한 채소밭에서 자유롭고 넉넉하게 배를 채워야 했다. 어쩌다 그들은 협소한 베란다 텃밭에서 빈곤하고 기구한 삶을 살게 되었을까. 밤이면 온몸을 밀어 벼랑길인 벽을 타고 이곳 채소밭으로 향했을 것이다. 낮이면 화초에 감쪽같이 몸을 숨겨야 했던 불안은 오죽했을까. 민달팽이에게는 멀고도 험한 고난의 길이었지 싶다. 먹고살자고 잎을 갉아 먹었던 일이 대역 죄인이 되어 내쳐진 가엾은 신세가 되었다. 나는 민달팽이가 사력을 다해 살아냈던 흔적을 보며 굳이 예술로 빗대며 호들갑을 떨었나 싶다. 변명해 보지만 불편한 마음은 오랫동안 애잔하고 목에 걸린 가시처럼 마뜩잖다. 누군가의 숨 가빴던 삶도 다르지는 않았을 텐데.

쭉 뻗은 길에서는 쉬지 않고 달렸다. 버거운 오름길은 포기할 수 없었다. 험한 계곡과 거친 돌밭길도, 길의 끝 벼랑에 서기도, 엉뚱한 길에서 헤매기도 했다. 숨이 턱까지 차는 먼 길을 걸어 내느라 온몸이 만신창이가 되어 아팠다. 끝난 길에서 무언가를 놓친 듯 후회는 또 얼마나 했던가. 모질게 걸어 냈던 그 길도 가끔은 되돌아보게 된다. 누구나 지나간 일에는 그리 자유롭지 않을 테다. 그래도 내색하지 않고 당당하게 살아냈던 젊었던 그때의 내가 그리워진다.

이제 남은 길은 얼마일까. 그 길은 유유하고 잔잔하며 부드럽고 편안한 길이기를 소원해본다. 만약 그런 길이 주어진다면 그것은 지난 세월이 주는 축복받은 선물이라 여겨도 되겠다.

베란다 벽에 그어놓은 선들은 의도한 것도 어떤 모방도 아닌, 오직 민달팽이의 고단했던 삶의 궤적軌跡이었음을.

즐거운 헛꿈

오늘은 작심하고 풀밭에 쪼그리고 앉았다. 내 손길은 섬세하고, 눈길은 예리해진다. 그것은 순전히 어젯밤 문학 행사를 마친 다음, 식사 때 들었던 최선생님 말씀 때문이다.

요즘은 무의미해졌지만, 전만 해도 특히 젊은 사람들은 네잎클로버를 진정으로 행운의 상징이라 여겼다. 찾기를 원해보지만 풀숲에서 한 장 발견하기도 쉽지 않다. 그런데 선생님은 최근에 네잎클로버를 서른여덟 개나 찾았다고 한다. 은근히 내 심사를 자극한 탓이다.

남아 있는 기억을 더듬어 보자면, 아주 감수성이 예민할 때였나 보다. 수업 시간 담임 선생님인지, 입담이 좋았던 사촌 언니로부터 전해 들었는지 도무지 기억에는 없다. 하지만 네잎클로버의 행운 이야기만은 어렴풋이 남아 있다.

Shirley poppy 72.7 × 53.0 oil on canvas_2022

두 연인이 풀밭에서 행운의 네잎클로버를 찾느라 시간 가는 줄을 몰랐다고 한다. 다행히 네잎클로버는 찾았지만 돌아갈 기차 시간을 놓쳐버리고 말았다. 그런데 그날 놓쳐버린 기차가 사고로 타고 있던 승객이 모두 사망했다고 한다. 행운의 네잎클로버 때문에 목숨을 구했다는 이야기다. 또 나폴레옹의 일화도 전해진다. 나폴레옹이 전쟁 중에 네잎클로버를 발견하고 허리를 굽히는 순간 적군이 쏜 총알이 비껴가게 되었다. 나폴레옹이 위기에서 목숨을 구했다고 해서 행운의 상징으로 여기게 되었다는 유례도 있다.

오래전에는 행여나 네잎클로버를 발견한다면 진정으로 나에게도 좋은 일들이 생길 것만 같았다. 그랬던 마음이 지금까지도 토끼풀에 무심하지 못하다. 하지만 단 한 번도 발견한 적은 없다. 그뿐만 아니다. 살아오는 동안 행운이라 느껴지는 일은 많지 않았다. 노력한 것만큼 대가가 주어지기를 바랐지만 그것 역시 채워지지 않는 늘 아쉬운 마음이었다.

어릴 때 클로버는 재미있는 장난감이었다. 친구들과 꽃을 따서 반지를 만들었다. 시계가 귀했던 시절이니 손목에 걸게 된 꽃시계만으로도 즐거웠다. 그때의 순수하고 청명했던 추억들은 고스란히 남아 있건만, 은근히 행운을 바라고 요행을 탐하는 세상살이에 찌들어버린 내가 되어가는 듯하다.

뜻하지 않은 행운이 다가와 좋은 일이 생긴다면 그것은 즐겁고 행복한 일임은 틀림없다. 나도 인간인지라 행운을 바랐던 적이 없지는 않다. 행운이라면 뭐니 해도 로또 당첨이다. 직장에 얽매여 사는 이들은 더럽고 서러웠던 직장을 보란 듯이 때려치울 수도 있다. 로또 한 장을 사 두고 일주일 동안 꾼 꿈만은 야무졌다. 없던 사람이 갑자기 로또가 당첨되면 그 돈을 주체하지 못하고 흥청망청하다 더한 불행을 자초한다는 이야기들을 들은 바가 있다. 나도 당첨을 대비하여 구체적인 계획을 세워보기로 한다. 제일 먼저 아들이 편안하게 작업할 수 있는 널찍한 화실을 마련해 주고 싶다. 어쩔 수 없는 어미의 마음이다. 남는 돈이 있다면 어디 한적한 곳에 작은 집을 마련하고 텃밭을 일구는 한가로운 삶을 즐기고 싶다. 로또 한 장으로 잠시 꾸어본 헛꿈이다. 그래도 내 마음대로 내 뜻대로 어마한 빌딩까지도 지을 수 있다. 즐거운 상상이다. 그러니 꽝이라도 그리 아쉬워할 일은 아닌 듯싶다.

당첨자들의 경험담으로 보면, 조상과 관련된 꿈은 당첨 확률이 제일 높다고 한다. 생전에 시아버님은 얼큰하게 술에 취하시면 '우리 막둥 며느리는 내 꽃 며느린기라. 꽃 며느리에게 호강을 시켜줘야 하는데 남겨줄 것이 없다.'시며 눈물까지 흘리시지 않으셨던가. 부산 동래 농악 꽹과리 상쇠였다는 아버님은 명절이면 아예 집을 떠났다고 한다. 오로지 꽹과리 흥에 빠져 집안을 돌보지 않아 시어머니 속을 무지 태웠다는 말씀을 들었다. 저승에서도 여전히 꽹과리 흥에 빠졌는지. 못 챙겨줘 애타시던 막둥 꽃 며느리는 까맣게 잊으셨나 보다.

그의 아들 즉 나의 반쪽 역시 그렇다. 꼿꼿하고 대쪽 같은 성미는 이미 잘 알고 있는 터다. 그래도 처자가 빠듯하게 살고 있는 것을 누구보다도 뻔히 아는 사람이 아닌가. 염라대왕님께 가족을 좀 보살펴달라는 청탁을 한 번쯤은 올릴 만도 하련만. 아직 힘쓰는 높은 자리에 오르지 못했는지, 아니면 정신없이 붓질에 빠져 있는지, 떠난 후로 여태껏 꿈에조차 나타나지 않는다. 그런고로 저승에 있는 나의 그들은 믿을 것도 바랄 것도 없다.

네잎클로버는 토끼풀의 돌연변이다. 즉 토끼풀의 기형으로 보면 되겠다. 소복하게 피어 있는 클로버가 한 가족처럼 모여 맑은 색으로 다정스럽다. 세잎클로버의 행복이라는 꽃말이 틀린 말은 아닌 듯하다.

자연 속에서 네잎클로버 찾기란 만분의 일의 확률이라 한다. 네잎클로버를 찾다 보니 내 발밑에 흔한 세잎클로버를 밟아 버리게 된다. 살아오면서 행여 지천으로 깔린 행복을 걷어차고 일확의 행운만을 찾는 허황한 짓거리를 했던 적이 얼마나 많았을까. 새삼 나를 돌아보게 된다.

찬찬히 초록 풀을 뒤적인다. 작심하고 덤비니 놀랄 일이 일어났다. 착각인 줄 알았다. 두 눈을 껌벅이고 맑은 눈길로 다시 확인해도 정확한 네잎클로버다. 꿈같은 현실이다. 짜릿한 쾌감과 온몸에 전율이 인다. 이제 와서 나에게 무슨 특별한 일이 일어날 리는 만무하다. 다만 내가 처음으로 네잎클로버를 찾았다는 벅찬 감동이 바로 행운이라 여겨진다. 다시 두 개를 더 발견했다. 의미를 부여했을 뿐인데, 작고 여린 풀잎이 이렇게 마음을 들뜨게 한다.

요즘 네잎클로버는 품종개발로 대량생산이 가능하다. 식용 네잎클로버로 활용하는 음식까지 다양해지고 있다. 재배하는 농가는 고액의 소득을 올리고, 행운을 파는 농부가 되겠다. 오성급 호텔, 고급 레스토랑, 유명 커피점, 액세서리, 청첩장까지 상업적이다. 행운을 원하는 심리를 이용하는 상술이 늘어나는 추세다. 언제든지 돈으로 살 수 있으니 네잎클로버의 간절했던 환상은 점점 사라지고 있다.

눈이 번쩍하는 행운을 바라지는 않는다. 그날이 그날 같은 밋밋한 일상을 깨워주는 멋진 환상을 그려볼 수는 있다. 가끔 아주 가끔은 헛꿈이라도 좋을 즐거운 상상에 빠져볼 일이다.

공짜

공짜라고 들렸다. 문인 선생님들과 어울려 막 점심 식사를 마쳤을 때다. 늘 하던 순서를 따라 카페에 들러 커피로 입가심하면서 수다도 떨 참이었다. 그런데 최선생이 공짜를 마시러 가잔다. 웬 공짜.

간혹 식사 후에 커피나 식혜, 수정과 등의 음료수 서비스를 내어주는 식당이 있긴 하다. 하지만 점심을 먹고 밖으로 나왔으니 공짜 차를 마실 수 있는 구실이 사라졌다. 최선생의 말이 도무지 아리송하고 모르겠다. 그렇다면 대학생들이 붐비는 학교 주변 상가인지라 젊은 청춘들을 끌어들이려는 묘책을 세운 카페라도 있는가, 아니면 고급스러운 케이크를 주문한다면 커피를 공짜로 마실 수 있는 특별한 카페가 생겼나 보다. 떠오르는 별별 생각들로 잠시 혼란스러웠다.

세상천지에 공짜는 없다는 말이 있다. 모든 것에는 지불해야 할 값이 있다. 작은 것이라도 그냥 얻어지는 것이 있을 때면 기분이 좋아지긴 하다. 공짜라면 양잿물도 많이 마신다는 우스개 말도 있고, 공짜로 빡빡머리를 깎아주던 시절에는 불결한 도구에 감염되어 탈모가 되었다는 시절도 있었다. 그래서 공짜 좋아하면 대머리가 된다는 말도 생겨났다. 권력층에서만 보더라도 그렇다. 근래에도 공짜가 뇌물이 되어 엄청난 파장을 불러 전국적인 망신을 당한 경우를 보고 있지 않은가.

무슨 일이든 앞서서 분명하게 행하는 최선생이다. 다시 물어보기도 그렇고 해서 카페를 향하는 조선생 뒤를 빠른 걸음으로 따랐다. 사람 수가 많아 다 공짜를 마실 수 없을 테니 추가 찻값은 내가 지불할 요량이었다. 급히 이층 계단으로 올랐다. 계산대 앞에서 차를 주문하며 조선생이 내게 물었다.

"선생님 공차를 한번 마셔보실래요."

주문 차트를 바라보다 참을 수 없는 웃음이 푹 터졌다. 공짜가 아니고, 공차Gong cha였다. 어감을 잘못 해석해서 들었던 탓이다. 공짜라는 말에 혼자 정신적 에너지를 쏟으며 별생각을 다 했다.

기다리던 차가 나왔다. 낯설고 익숙하지 못한 차를 살짝 맛본다. 진하지 않은 녹차의 맛과 향으로 낯섦이 한결 덜하다. 옅은 갈색에 얼음이 잔뜩 들어 있어 여름에 마신다면 시원해서 제격이겠다. 찻잔을 살펴보는 나에게 최선생이 작은 호스 같은 대롱을 건네준다. 빨대로 젤리를 끌어올려 먹어보란다. 그제야 컵 바닥에 깔린 검은 콩알 같은 알갱이가 보였다. 빨대를 타고 젤리가 입안으로 후루룩 들어온다. 씹히는 쫀득함이 식감을 더한다. 쓴 커피 맛과는 완전히 다르다. 커피 맛에 길든 내가 묘한 공차 맛에 은근히 끌린다.

제법 오래전부터 젊은이들도 녹차를 즐길 수 있는 다양한 음료를 시도한 차라는 것을 이제야 알았다. 공차에 낯선 나와 달리 선생님들은 이 카페에서 종종 차담을 즐긴 모양인 듯하다. 신세계에 서툰 나를 더 신기해하는 선생님들이 공차의 내력까지 설명을 더 한다.

늘어나는 게 카페다. 내 입맛은 어느 카페에 가더라도 변함없이 뜨거운 블랙커피만을 마신다. 어찌 보면 오래된 기호 같기도 하고 중독이라 해도 할 말이 없다. 그러니 공차를 공짜로 듣게 되는 민망스러운 사태를 면할 수 없다. 그래도 오랫동안 부산의 중심가에서 패션의 한 분야로 선도적인 삶도 살지 않았던가. 오늘의 나는 촌스러움의 극치였다.

공짜를 원치 않는 사람이 있을까. 삶이 팍팍해지면 자신도 모르게 공짜를 바란다. 세상에 노력 없이 얻어지는 것은 없다는 걸 뻔히 알면서도 노력에 비해 얻어지는 것이 적다고 불평한다. 허탈하고 공허를 느낀다. 공짜가 아니더라도 한순간 행운처럼 주어지기를 바라는 게 인지상정이다.

공짜란 좋을 때도 있지만 마음이 불편할 때도 있다. 간혹 여행을 할 때나 종종 미술관 관람을 갈라치면 주민증만 제시하면 통과를 하게 된다. 그런 때는 그리 부담스럽지는 않았다. 대접받는다는 느낌도 들었다. 물론 기분도 좋았다.

어느새 나이가 들어 지하철을 공짜로 탈 수 있는 '지공카드'를 발급받았다. 대한민국 노친네라고 공인받은 셈이다. 주로 지하철을 이용하는 나로서는 공짜로 탑승한다는 것이 좋아할 일이지만, 한편으로 국가에 부담을 준다 싶어 괜히 미안했다. 자영업을 할 때 과한 세금을 부과한다고 불평을 하면서 꼬박꼬박 세금을 바치지 않았던가. 하지만 일선에서 물러난 지금은 어디 그런가. 하는 일 없이 공짜로 지하철을 이용하는 것이 멋쩍기도 했다. 착각은 자유라고, 아직도 마음은 청춘인데 늙음을 스스로 드러내는 것 같아 기분 좋은 일이 아니다. 이런저런 이유로 지공카드를 받고도 한참 표를 사서 탑승하기도 했다. 공짜로 타는 어르신들을 위하여 젊은이들이 더 많은 일을 해야 한다는 생각도 살짝 부담스럽다.

 공짜를 좋아하다 곤란에 처한 경우도 더러 있었다. 대형 마트 식품 판매대 시식 코너를 지날 때다. 식욕을 자극하는 냄새가 코끝을 자극한다. 식탐이 많은 나로서는 외면하기가 쉽지 않다. 맛만 보라는 말이지만 끌리는 입맛에 슬쩍 한두 번 더 집어 먹게 된다. 공짜로 시식한 후에 얌체처럼 휙 돌아서려면 한 개라도 더 팔아 실적을 올려야 하는 직원의 간절한 눈빛을 외면하기 힘들다. 얼굴에 철판을 깔지 않은 한 내 양심으로는 차마 돌아설 수 없어 계획에 없던 식품을 구매하게 된다. 물고기가 미끼를 덥석 문 꼴이다. 이래서 세상에 공짜가 없다는 것이다.

 젊은이들이 커피를 마시는 카페와 분위기가 다르다. 마음을 차분하게 가라앉게 하는 공차와 조용한 찻집 분위기가 낯설다. 공차를 즐겨하지 않은 탓에 새로운 차 문화를 경험할 기회가 없었다는 게 맞겠다.

 느긋하게 공차를 즐기니 북적이는 마음이 가라앉는다. 오늘의 이 사실을 듣고 누군가는 말귀를 못 알아듣는다고 타박할지도 모른다. 절대로 착각하지 마시라. 내가 공차를 몰랐기에 생긴 하나의 에피소드일 뿐이다. 어쨌거나 찻값은 조선생이 지불했으니 나는 오늘은 공짜 공차를 마신 셈이다.

오월의 숲길에서

울창한 숲에 찾아드는 햇살이 해맑습니다. 따사로운 햇볕에 녹아내린 말간 초록 물이 금방이라도 내 혈관을 타고 흐를 것 같습니다. 한없이 처져 있던 몸과 마음에 기운이 솟고 생기가 돕니다. 남겨진 삶은 온통 밝고 찬란한 일들로 가득할 것 같습니다.

사람이 제일 기분 좋을 때는 언제라고 생각합니까. 맛있는 음식을 먹을 때, 멋진 옷을 입었을 때, 사랑하는 이와 함께 있을 때, 하지만 지금의 나는 초록 잎을 볼 때가 가장 기분이 상쾌합니다. 제법 오랫동안 베란다에 꽃보다 초록 식물을 가꾸었지요. 즐거운 식집사의 느긋한 일상입니다. 자식 자랑 손자 자랑은 하지 않습니다. 오직 한 가지, 베란다 작은 숲만은 가까운 지인에게 대놓고 자랑한답니다.

아침에 눈을 뜨면 제일 먼저 베란다 식물들을 마주합니다. 호수로 뿌려

준 물기 머금은 이파리가 막 떠오르는 햇살 받아 반질반질 윤기를 더합니다. 오래전 초록 잎만 보고자 심었던 비파나무가 몇 년째 노란 과실 몇 개씩을 달아주네요. 베란다 좁디좁은 화분에 뿌리를 내려 잎을 피워내기도 버거웠을 텐데, 열매까지 맺기가 그리 쉬운 일은 아닐 테지요. 작은 비파나무가 얼마나 많은 용을 썼을까요. 정말 고맙고 사랑스럽습니다. 하릴없이 공허하고 무료한 날에는 베란다 작은 숲에 쪼그리고 앉아 먼 곳 곶자왈 숲길을 걸었던 기억을 떠올려 봅니다. 다시 걸어야 할 남은 길들이 밀려옵니다.

틈이 날 때마다 떠나서 걸었던 제주 올레길입니다. 누군가는 쉽게 떠날 수 있었겠지만, 나는 오랫동안 꿈만 꾸었지요. 전쟁 같은 세월을 보낸 후에야 느지막이 내어본 큰 용기였습니다. 조금만 벗어나도 바다가 펼쳐지는 부산입니다. 하지만 제주 바다 물빛은 달랐습니다. 처음 걸었던 길에서 마주한 옥빛 바다색에 저절로 탄성을 쏟아내었지요. 무엇보다 척박한 돌밭에 제대로 내리지 못한 뿌리들이 바위를 껴안거나 서로 뒤엉켜 의지합니다. 다양한 나무들이 독특하고 기이한 곡선을 이루며 자라네요. 못난 나무가 산을 지킨다는 말이 맞습니다. 구불구불 못생긴 나무들이 어우러져 하나의 울창한 숲을 이루었습니다. 이웃들과 서로 얽히어 아웅다웅 살아가는 우리네와 다르지 않은 듯합니다.

바람은 쉴 틈 없이 빽빽한 숲을 흔듭니다. 바람이 스칠 때마다 초록 파도가 출렁입니다. 바람의 장난이 얄궂습니다. 언제까지라도 머무르고 싶어지는 청아한 오월의 숲이 그렇습니다. 혼탁한 도시를 벗어나 신록으로 창창한 숲속에 서면 달고 왔던 시름이 사라지고 마음이 가벼워져 고요해

집니다. 순간마다 풍경을 바꾸는 바람이 있어 혼자라도 지루하거나 외로울 수가 없답니다. 마음이 울적했던 날도, 괜스레 온몸이 들뜬 날도 생각나는 곳입니다. 흘러내린 굳은 용암은 비바람과 파도가 수억 년을 담금질로 다듬어놓은 조형 작품들입니다. 자연은 참으로 오묘하고 위대합니다. 깎아 세운 벼랑이나 주상절리는 신이 만든 걸작이라 여겨집니다. 사람의 능력으로는 도저히 불가능하지요. 무연히 서서 바라볼 때면 성스럽기도 합니다. 감히 신의 영역을 침범한 것 같아 저절로 머리가 숙어집니다.

  길을 걷는다는 것은 오로지 나를 비워내는 일입니다. 굴곡진 능선 길을 걷습니다. 사방으로 펼쳐진 풍경을 바라볼 때면 무뎌진 감성이 되살아납니다. 내가 만약 시인이었다면 절절한 서정시 몇 편은 썼을 테지요. 여유가 있어 여행하는 것이 아니라 여행해서 여유가 생긴다는 말을 실감케 합니다. 내 능력만큼 올 수 있는 곳이지만 이 정도면 넉넉하고 족합니다. 살아낸 생을 샅샅이 살펴봅니다. 무엇에 이토록 오롯이 빠졌던 적이 있었나 싶네요. 제주 바람은 늘 새로운 길로 이끌어 빈 마음을 채워줍니다. 길에서 낯선 사람을 만나고 이야기를 듣습니다. 거친 파도가 사정없이 벼랑을 치받으며 온 바다에 하얀 물꽃 화원을 펼쳐냅니다. 파도가 피우는 물꽃에 내 눈길이 정신없이 빠져듭니다.

  풍경만 보는 것은 아닙니다. 걷다 보면 간간이 물살에 깎여진 날카롭고 험한 벼랑 앞에 설 때가 있습니다. 급경사 가파른 계단 길을 오릅니다. 발목이 푹푹 빠지는 모래밭 길을, 중심을 잃어 낭패당할 수 있는 울퉁불퉁한 현무암 돌길도 걸어야 합니다. 그러나 민낯이 빛나는 순수한 대자연 속으로 들어설 때는 자연에 하나되어 풍광을 온 가슴으로 품어봅니다.

거연정 밤 물은 깊고_ 수필 소묘_2022

오월의 숲길에서

일선에서 벗어나고 싶었습니다. 오로지 가족을 위해서 세끼 밥상 차리고 빨래하고 청소하고 어린 자식을 챙기며 그저 평범한 주부의 삶을 원했을 때가 있었습니다. 그런 삶이 오긴 했지요. 모처럼 시간에 휘둘리지 않는 생활이 그렇게 편안할 수가 없었답니다. 그러나 느긋했던 생활에 젖어들어 나태하고 게으르고 무기력하게 변해간다는 사실을 전혀 눈치채지 못했으니까요.

뭇 생명들이 일생 가장 활기를 띠는 초록이 흐르는 오월입니다. 문득 깨우치네요. 치열하게 살았다고 생각했건만, 되돌아보니 아무것도 보이질 않습니다. 영원하리라 철석같이 믿었던 것도 소중하다고 여겼던 것들도 잃어버리게 됩니다. 현실의 배신이라고 억울해했습니다. 마음이 자꾸만 헛헛하고 가뭇없습니다. 무료한 일상을 극복하려면 큰 용기가 필요했답니다. 온통 머릿속에 잡념을 채우는 무의미함보다 자연이 채워주는 섬 여행을 선택하려 했습니다. 오랫동안 가만히 떠올리기만 했던 곳입니다. 원하고 바랐더니 기회의 문이 열렸습니다.

옥빛 바닷길과 울울창창한 숲길, 숨이 턱까지 차오르는 가파른 오름도 올랐습니다. 눈길 가는 곳마다 예술작품을 전시하는 갤러리가 됩니다. 길가에 풀꽃들이 지천입니다. 숲은 오염된 도시와는 달리 깨끗하고 청량하고 향긋합니다. 그래서 오월은 계절의 여왕으로, 또는 청춘의 계절이라고들 말하나 봅니다. 신록을 바라보니 푸른 시절을 한참 벗어난 세월임에도 아직 청춘이라 착각하게 됩니다. 마음을 복작이던 세상살이도 잊게 합니다.

사람의 손이 타지 않은 듯합니다. 거대한 대지의 힘으로 솟은 불덩이가 바다를 만났습니다. 섬 곳곳의 흔적들이 독특한 모습으로 서 있습니다. 설문대할망의 치마에서 흘린 흙이 뭉텅뭉텅 서 있는 오름이 되었다네요. 어머니의 봉긋한 젖가슴 같습니다. 작은 동산도 숨 가쁘게 올라서면 눈앞에 펼쳐진 푸른 들과 청록빛 바다가 끝이 없습니다. 마음이 시원하고 눈 호사를 누립니다. 발길 닿는 곳마다 그럴듯한 전설로 여행자에게는 독특한 추억을 만들어 주지요. 무엇 하나라도 의미 없는 것은 없습니다. 감동과 감탄을 자아내게 합니다.

빛나는 보석 같은 섬입니다. 투명한 바다가 태양 빛을 받으니 깊이에 따라 다양한 물색을 드러냅니다. 너무나 선명한 옥빛 바다색에 그만 시선을 빼앗깁니다. 저 영롱하고 귀한 색을 닮았으니 여심의 마음을 사로잡았나 봅니다. 색채에 예민한 나도 보석 같은 바다색을 정신없이 바라봅니다.

눈길 가는 곳마다 정이 가는 길입니다. 자연 그대로의 길에서 적잖은 나이에도 철부지가 됩니다. 숲이 주는 편안함은 내 생의 최고 선물입니다. 까마득한 바람의 시간을 헤아릴 수 없지만, 바람이 다듬어놓은 곳에서는 바람도 숨을 죽입니다. 오월 속을 걸어가는 나는 하없이 자유롭습니다.

흔히들 청춘을 창창하고 싱싱한 오월의 신록에 비유합니다. 나에게도 풋풋하고 찬란했던 계절이 분명히 있었을 겁니다. 청춘의 고민도 했을 테지요. 꿈꾸었던 이상의 세계도, 행복한 순간들도 없지는 않았겠지만, 기억하고 싶지 않은 허탈하고 서러운 날들도 없지는 않았답니다. 올레길을 완주하는 동안 거칠고 힘들었던 고통은 어느새 지워진 듯합니다. 낯설고 서툰 길을 걷는 것은 우리네 삶의 희로애락과 똑 닮았습니다. 아름다운 길을 걸을 수 있다는 것은 느지막이 주어진 행운이었는지도 모릅니다.

초록이 무성한 오월이 좋습니다. 우거진 숲 사이로 흐르는 바람과, 계곡 물소리와, 새소리도 함께 합니다. 숲의 모든 소리가 화음을 이룹니다. 걸으면서 듣고 보았던 자연의 모든 것들은 언제까지나 음악처럼 흐르겠지요. 올 때마다 가슴이 두근대는 것은 지금 밋밋한 일상에서 옷매무새를 잊고 있었던 나의 모습을 만날 수 있어서가 아닐까 싶네요.

현무암 검은 돌담길을 돌아 굽이굽이 풍경에 취해 걷고 또 걸었습니다. 먼 길을 포기하지 않고 두 발로 걸어 냈던 올레길 완주였습니다. 무엇보다 해냈다는 성취감이 무기력했던 정신을 깨웁니다. 꾸미지 않은 청정한 자연처럼 남아 있는 내 삶도 그렇게 마무리했으면 합니다.

삶은 어쩌면 하나하나 소중해서 버릴 수가 없었던 서랍 속의 잡동사니들과 같습니다. 꿈과 사랑 추억, 이 모든 살아낸 흔적들은 너무나 소중했던 것들입니다. 이제는 무거운 생각들을 버리고 털어내고 비워내야겠습니다. 온통 내 심혼까지 빼앗겨 버린 오월의 숲길을 걷는 것보다 더 좋은 일이 어디 또 있을까 싶네요. 잎 털어낸 앙상한 가지만 남은 시린 나무를 바라봤던 겨울은 얼마나 삭막했던지요. 되돌아보면 살아낸 내 삶도 그랬을 것입니다. 이유 없이 화가 나다가 눈물을 쏟아내던 수많았던 날도, 초록 숲이 다독여 주니 이제는 울음을 그칩니다.

한라산이 제주도 중심에 우뚝 서서 온 바다를 호령하듯, 그 기운을 받아 기운차게 나를 세워봅니다. 무성하게 펼쳐내는 초록도 계절을 다하면 그 색을 잃어버리지요. 영원한 계절이 없듯 영원한 생도 없다는 것을 압니다. 청춘은 영원하지도 오월도 영원하지 않습니다. 찰나에 불과하지요. 소중했던 인연도 살아냈던 삶도 기억으로 남아 추억하게 되겠지요. 이제 지천으로 피어난 꽃들이 다가올 여름을 예고합니다. 감정이나 초록이나 점점 짙은 색을 더해 가겠지요.

  숲의 생명력이 온몸을 휘감습니다. 바람도 풍경을 만드는 곳, 다시 오고 싶은 이 숲길에 마음이 머뭅니다. 그리움도 머뭅니다. 곧 무더운 유월이 올 테지요. 나도 오월의 무성한 숲을 벗어나 내 집, 나의 작은 숲으로 돌아갑니다.

  삶이란 정해진 것은 없습니다. 이제 남겨진 생은 초록이 찬연한 숲길 같기를, 곱게 피는 화사한 꽃잎 같기를, 맑디맑게 흐르는 계곡물 같기를, 오월의 길에서 원해봅니다. 언제 뒤따라왔는지 베란다 풍경 속에 어둠이 출렁거립니다. 깜빡, 초록이 찬란한 오월의 숲길을 걸었던 날이었습니다.

아뿔싸

친구를 줄레줄레 따라간 철학관이었다. 티브이에도 출현했던, 명성이 자자하다고 친구가 살짝 귀띔한다. 특히 젊은 사람들의 앞날을 명확하게 잘 짚어 준단다.

실내를 들어서니 유명세와 달리 문의하러 온 고객은 한 사람도 없다. 썰렁한 기운만 감돈다. 친구는 결혼을 앞둔 아들의 궁합과 앞날이 궁금했던 모양이다. 명문대를 나와 유학까지 다녀왔으니 아들에 대한 그녀의 자부심은 대단하다. 생년월일과 태어난 시로 풀어내는 사주는 생각했던 대로 탄탄대로 꽃길이란다. 만족한 얼굴에 미소를 한가득 머금은 친구가 내 아들 사주도 보라고 부추긴다. 잠시 분위기에 휩쓸렸는지, 아들의 앞날이 궁금하기도 해서 머리를 조아렸다. 단번에 개명하란다. 아뿔싸, 그럴 리는 없는데. 번듯 떠오른, 까마득히 잊었던 옛 기억 한 토막이 되살아났다.

첫아들을 낳았으니 좋은 이름을 지어주고 싶었다. 이름을 잘 지어야 평생 이름 덕 본다는 말을 들은 적이 있다. 큰형님을 따라 난생처음 간 곳은 작명을 잘하기로 유명하다는 온천장의 어느 철학관이었다.

대기실에 들어서니 먼저 온 사람들이 순서를 기다리고 있었다. 이른 시간에 많은 사람이 찾아온 것을 보니 역시 큰형님을 따라오길 잘한 것 같았다. 한참을 기다려 차례가 되었다. 큰형님은 먼저 이름에 항렬을 부탁했다. 아무리 생각해도 항렬을 따른다면 근사한 이름이 지어질 것 같지 않았다. 큰형님 앞이지만 감히 항렬은 싫다고 말했다. 단호한 내 기세에 누그러진 형님은 착 가라앉은 목소리로 그럼 현대에 맞는 이름을 지어달라고 다시 부탁했다. 작명가는 태어난 날짜와 시에 맞는 사주를 풀기 시작했다. 한자의 뜻과 획수를 확인하고 글자의 의미까지 찾아본 후에 두 개의 이름을 내 앞에 내밀었다.

철학관 원장님은 예술가가 될 이름과 또 하나는 의사가 될 이름이라 했다. 예술가의 이름으로 산다면 명성을 얻게 되고 얽매임 없이 아주 자유롭게 살 수 있다고 했다. 반면 의사는 신경 쓰이는 직업이지만 넉넉한 경제로 유택한 삶을 누리게 된다는 설명이다. 예술가의 삶이 어떤가를 너무나 잘 알고 있는 내가 아닌가. 아들은 평생 동안 안정적인 풍요로움으로 고달프지 않기를 원했다. 그렇다면 나의 선택은 당연히 의사가 될 이름이다. 삶의 방향을 확실하게 짚어 준 철석같이 믿었던 이름이 아니던가.

이후로 현실에 부대끼다 보니 아들이 의사가 되지 않았다는 사실조차 까마득히 잊고 살았다. 개명하라는 말에 멀어졌던 정신을 확 깨운다. 이제야 생각해 보니 그때 노쇠하신 철학관 원장님이 잠시 정신이 혼미해지신 모양이다. 빼어놓은 사주 이름과 뜻을 일순간 바꾸어 적으신 게 분명하다. 의사로 살아가야 할 아들이 지금 화가의 삶을 살고 있으니 말이다.

그럭저럭 공부를 잘했던 아들이 고등학교 2학년 때다. 담임 선생님이 대학 진로 문제로 상담을 하자고 했다. 선생님은 아들의 재능이 특별해서 그대로 두기에 너무 아깝다고 한다. 말씀대로 타고난 재능이 있다고 해도 나로서는 받아들이기가 쉽지 않았다. 더구나 의사가 될 이름을 지었던 그날로부터 지금까지 다른 길은 생각해 본 적이 없었다. 내 마음을 잘 이해하는 선생님이 나를 설득하기 시작했다.

요즘은 없는 재능도 부모 백으로 예체능계를 보내려 애쓰는 시대다. 타고난 재질이 아깝지 않으냐고 안타까워하셨다. 지금과 달리 아들이 화가가 될 즈음이면 우리나라도 경제가 발전될 것이고, 사람들의 문화 수준도 높아질 것이라는 말씀이다. 그때는 예술가가 누구보다도 큰 대우를 받는 시대가 될 것이라고 선생님은 진심으로 나를 설득하셨다.

담임 선생님의 말을 전해 들은 남편의 입가에 은근히 미소가 번졌다. 내가 화가의 아내로서 고생은 하지만 솔직히 예술이 싫어서가 아니다. 그림을 그리는 남편이 신기하기도 하고 자랑스럽고 존경하지만, 그런 만족으로 살아낼 수 없는 것이 또한 아내의 현실이 아닌가. 요즘 어떤 젊은 여자가 계산할 수 없는 예술가의 삶을 함께하려 하겠는가. 아들이 의사가 되기를 원했던 가장 큰 이유였다.

개명해야 한다는 철학관 원장님의 말이, 이름을 팔아 돈을 챙기자는 심사 같기도 하고, 그때 아들은 내가 선택하지 않았던 예술가의 삶을 살고 있으니 개명하라는 말이 맞는 것 같기도 했다.

친구는 자기 아들 사주가 좋다는 말에 크게 감동했나 보다. 자식의 앞날이 탄탄대로라니 어미로서 이보다 만족한 행복이 더 있을까. 정해진 복채보다 더 보태어 점심 식사비까지 넉넉하게 챙겨드린다. 그러나 나에겐 개명하라는 말에 헷갈리고 찝찝했던 그런 날이었다.

개명하라는 말을 귓전으로 흘려버린 지도 제법 세월이 지났다. 어쨌거나 아들은 화가로서의 삶에 만족해한다. 세상 바람에 휩쓸릴 일도, 직장에 얽매여 상사 눈치 살피는 일도 없다. 무엇보다 의사가 되었다면 아픈 환자의 고통을 봐야 하고, 혹 소소한 의료 사고라도 발생한다면 예민한 성격에 쉽지 않았을 테다.

더구나 현실에 부대끼는 마누라 눈치볼 일도, 명문학원에 보내지 못해 마음 아파할 자식도 없으니, 세상사 별 욕심 없이, 캔버스와 물감을 동행자 삼아 마음의 자유를 누리고 사는 자신이 대장부의 삶이라고 우긴다. 아들이 만족하고 편안하다는데 어미인 내가 더 이상 뭘 바라겠나.

그림은 마음을 치유하는 힘이 있다. 우울하고 슬플 때도 그림을 통해 미소 짓는다. 그림으로 지친 몸과 마음이 치유되니, 의사가 될 이름이라는 옛 철학관의 작명이 그리 틀리지 않은 것 같기도 하다. 세상만사 마음먹기에 달렸다는 명언도 있으니 이름이 뭐 그리 중요할까 싶다.

내버린 후

헌신짝 버리듯 한다는 말이 있다. 필요할 때 잘 사용한 다음 이용 가치가 없다 싶을 때 미련 없이 내버린다는 말이겠다. 돈독했던 관계도 이용하고 가차 없이 배신한다. 철석같이 믿었던 사람도 한순간 신의를 저버린다. 영원하자던 사랑의 맹세도 변심으로 마음에 큰 상처를 남긴다. 오죽하면 가수 배호는 "사랑의 배신자여"라며 쉰 목소리로 노래까지 불렀을까. 내가 비록 여자지만 의리와 믿음만은 확실하게 지키려고 노력한다. 물론 배신이랄 것까지도 없다. 다만 때가 되었을 뿐이었는데 자꾸만 내다 버렸다는 생각이 들어 이래저래 마음이 켕긴다.

  오랫동안 편하게 잘 사용했다. 새뜻했던 소파도 세월을 더하니 허접해져 초라하기 그지없다. 가죽이 낡아 갈라지고 벗겨졌다. 더구나 연한 미색이고 보니 세월에 묻은 흔적들이 지워지지 않는 얼룩으로 남겨졌다. 버리기도 쉽지 않다. 구청에 신고해야 하고, 새 소파를 구매하려면 무엇보다 경제 사정도 고려해야 한다. 이래저래 생각이 많아지니 소파에 기대는 몸과 마음마저 너덜너덜해지는 기분이다.

교체하기로 마음을 정했다. 마음이 정해지니 새 소파를 정하지도 않은 채 낡은 소파를 가차 없이 냅다 버렸다. 없애고 나니 오랫동안 앓던 이를 빼어버리듯, 골칫덩어리를 치워버리듯, 속이 시원했다.

나는 소유하는 작은 소품 하나라도 구색을 갖추려 한다. 모든 생활에는 멋을 중요시한다. 입성도, 사용하는 물건도, 그러나 선택은 까다롭다. 과하지도 무리하지도 않은, 이왕이면 딱 내가 누릴 수 있는 수준만큼에서다. 이번에 들일 소파 컬러는 전처럼 밋밋한 것보다 좀 튀는 색이 어떨지 생각했다. 백화점이나 가구 매장마다 살펴보았다. 눈길 가는 소파 찾기가 쉽지 않다. 있다고 해도 크기가 맞지 않거나, 내 분수를 한참 넘어선 가격이다. 비싸다고 혹할 정도로 마음에 쏙 드는 것도 아니다. 며칠을 다니다 지쳐 집으로 돌아오곤 했다.

귀가하면 먼저 소파에 한참 멍하게 앉아 있는 것이 내 습관이다. 허접해도 나를 편안하게 해주었던 소파가 없다는 사실이다. 지친 몸이 느긋하게 쉴 자리가 없다. 맨바닥에 앉지도 못하고 선 채로 한참을 서성였다. 내 집인데 낯설다. 몇십 년을 같이했는데…. 기대거나 누워서 하루하루를 보냈던 많은 날이 떠오른다. 힘들고 아프고 지쳤을 때도 언제나 온화하게 다독이며 품어 주지 않았던가.

애잔한 마음이 인다. 생각도 느낌도 없는 사물이지만 그동안 고마웠다는 이별의 아쉬운 눈길이라도 보내야 했었다. 헌신짝처럼 버릴 때는 언제고 새삼스레 이는 이 마음은 또 뭔가. 아무런 저항 없이 끌려나가던 모습이 떠오른다. 텅 빈 자리가 허허롭다. 온 가족이 함께했던 웃고 즐거웠던 추억들을 싸잡아 내쳐버린 것 같다. 시도 때도 없이 드러눕고, 기대고 널브러지고 한없이 게을러도 괜찮았는데. 의지할 곳이 사라져 버렸다. 우두커니 서서 베란다 초록 식물을 바라보며 생각에 잠긴다.

머릿속이 복작일 때면 습관처럼 베란다 식물들을 바라보곤 한다. 식물들은 나를 정화시켜 머리를 맑게 비워준다. 그래서인지 어디서라도 초록색을 보게 되면 눈길이 붙잡힌다. 새 소파는 어떤 색으로 정할까 고심했다. 순간, 거실에도 베란다 초록색을 들인다면 어떨까 했다. 번뜩 스치는 생각이 기발하다. 울창한 초록 숲에 들어선 듯, 마음이 맑아지고 청량감을 줄 것만 같다. 소파 색으로 초록은 그리 흔하지 않다. 같은 초록이라도 명도에 따라 보는 느낌이 완전히 다를 터. 딱 꼬집어 색 선택이 어렵다.

보름 만에 주문했던 소파가 도착했다. 산뜻한 짙은 초록이 기대했던 것보다 더 마음에 든다. 여름이니 노란 대나무 매트를 깔았다. 찹찹하고 시원하다. 베란다 초록색과 어항 속 수초와 한 색으로 어우러지니 이색지고 멋스럽다. 간혹 옷 디자인과 색깔이나 물건 색을 선택할 때면 아들은 나를 보고 매구 눈이라고 한다. 보고 판단하는 능력을 잔뜩 추겨주는 말이 되겠다. 물론 소파 색은 탁월한 선택이었다. 더구나 내 수준에 맞는 가격의 소파지만, 보고 느끼는 만족은 몇 배의 가치를 더한 듯하다. 아주 작은 것에도 무심하지 않았던 멋내기는, 팍팍했던 삶의 순간마다 즐거움과 활력이 되어 주었다.

옛 소파는 편하다는 이유로 마음 내키는 대로 자세를 취했다. 피곤할

Shirley poppy_33.4× 45.5_2022

때면 드러누워 등받이에 다리를 척 올리기도, 책을 읽을 때면 주전부리 부스러기를 흘리기도, 삐딱하게 기대어 티브이 시청에 정신이 팔려 커피까지 쏟지 않았던가.

낯선 사람에게 선뜻 다가가지 못하듯, 새 소파는 만만하지 않다. 함부로 자세를 취하기가 어렵다. 소파 사용은 대부분 드러눕기다. 하지만 더위에 흘린 땀 냄새가 밸까 봐 전처럼 벌러덩 누울 수도 없다. 새 소파에 먼지라도 묻을까 털썩 앉기가 조심스럽고, 행여 얼룩이라도 질까 떨어져 맨바닥에 쪼그리고 앉아 차를 마신다. 그저 뿌듯한 눈길로 작품을 감상하듯 바라만 본다. 그래도 볼수록 흐뭇하고 족하기만 하다.

하지만 이제는 다가갈 때. 엉거주춤 엉덩이를 밀어 살푼 앉는다. 내버려진 소파처럼, 점점 익숙하고 여유롭게 한몸이 되겠지. 편안해지겠지.

빨강 힐을 신고

이럴 수는 없다. 모르는 사이에 내 감정 한 부분이 분별을 못 하고 역주행하고 말았다. 젊음에 역주행한다면 그것처럼 신나는 일이 어디 있을까마는, 그런 일은 있을 수 없는 사실이 아닌가. 자칫 주책일 수도, 나이 들어 극성스럽게 보여 바라보는 이들의 눈길을 불편하게 할 수 있겠다. 대책 없이 빠져들게 하는 빨가색이 난감하게 하다.

오래 사용한 싱크대 수전이 제 역할을 못 한다. 설거지할 때 꼭지가 느슨해져 사방으로 물이 튀고 빠지기도 해 낭패를 본 적이 한두 번이 아니다. 이런 불편함을 알고 아들이 주문한 배달된 박스를 터는 순간이다. 삼십 센티 길이의 붉은 주방 수전이 지난여름 8월을 불태웠던 칸나의 선홍빛처럼 온통 나를 빠져들게 한다.

주방 수전이 싱크대에 고정되었다. 작은 나팔처럼 반질반질 윤이 나는 은색 스테인리스 헤드가 빨간 호스와 대비되어 조화롭고 화려하다. 먼저 자리를 잡고 있던 부엌의 모든 색을 압도한다. 이리저리 원하는 방향으로 시원하게 물을 쏘아준다. 개수대에서 설거지하는 두 손의 움직임이 마치 걸그룹의 손짓처럼 춤을 추듯 유연하다. 부엌에 들어가는 횟수가 잦아지면서 답답했던 가슴이 트이고 기분이 밝아지고 경쾌해진다.

사람들은 저마다 선호하는 컬러가 있다. 나도 좋아하는 색들이 많지만 실제 생활에 끌어들이지는 않는다. 그냥 눈으로만 즐길 뿐이다. 빨간 주방 수전이 계기가 되어 무뎌졌던 감성과 열정이 슬그머니 끓어오른다.

그러고 보면 내가 입는 옷은 대부분 검은색이다. 색의 완성은 블랙이라 말한다. 검정은 모든 색을 다 품고 있다. 나 자신도 그동안 검정만 입은 것이 아니었지 싶다. 마음속에는 나도 모르게 열정을 의미하는 빨간색과, 고요함의 파랑, 자연스러운 초록과, 여성스러운 분홍색, 알록달록 모든 색상을 품고 있었지 싶다. 내 안에 숨기고 묻고 가두어 아무도 눈치채지 못한 것들이 느지막에 꿈틀대며 요동친다.

나에게 옷이란 단지 겉치레만은 아니었다. 내 삶의 중요한 영역인 때도 있었다. 그러기에 삶의 수단으로 그때그때 유행하는 색깔의 멋진 옷을 원 없이 입었다. 그렇다고 해도 패션의 마무리는 한결같이 검정 힐만을 고집했다.

이제는 나이가 들어가는 탓인가 보다. 마음껏 젊음을 누려보지 못한 아쉬움인지 모르겠다. 그래선지 백화점에 들를 때면 내 첫 눈길을 잡는 것은 화려한 컬러다. 그러긴 해도 결국 선택은 블랙이다. 검은색은 자칫 칙칙하게 보일 수도 있을 것이다. 색을 고르고 선택하는 내 습관인지 아니면 그동안 몸에 배어 편안하고 만만하게 여겨지는 색에 대한 자신감 같기도 하다. 그런데 주방 수전 하나로 인해 어디를 가나 선명하게 자신을 드러내는 선홍빛에 눈길이 대책 없이 끌려간다.

백화점 구두 판매장을 둘러볼 때였다. 그때 중앙 매대에 가지런히 놓여 있는 빨강 하이힐에 홀려버렸다. 한참을 바라보며 생각에 잠긴다. 만일 빨간 구두를 산다면 신고 어디를 갈 것인가를. 간다 하더라도 너무 야해서 민망하지나 않을까. 사서 신발장에 고이 모셔두고 작품을 감상하듯 눈맞춤만 할 것 같다. 생각해 보니 이래저래 사지 말아야 할 이유가 많다. 그렇다고 스쳐 지나가려니 아쉽다. 몇 년 전에도 오늘처럼 빨강 치마에 온통 마음이 끌려 결국 매니저에게 카드를 내밀었던 적이 있었다. 그때 샀던 치마는 아직 한 번도 입어보지 못한 채 옷장 맨 안쪽에 걸려 있다.

빨강 힐에 이끌려 쉬 발길을 돌리지 못한다. 그냥 저질러 버릴까 아니면 외면하고 돌아설까, 갈등한다. 그러나 하나 더 내 마음을 강하게 부추기는 것은 아직도 포기할 수 없는 저 날렵하게 보이는 굽이 높은 힐이다. 이런 나의 심중을 귀신보다 더 빨리 알아채는 노련한 매니저가 다가왔다.

내 시선에 꽂힌 구두를 정확하게 집어서 한번 신어만 보라 권한다. 발이 작아서 잘 어울린다고 추긴다. 거울에 비추어 보니 매니저의 말이 그저 구매를 부추기는 빈말이 아닌 듯 보인다. 빨강 구두를 신고 나란히 서 있는 거울 속 내 두 발이 제법 예쁘긴 하다.

빨간 옷은 못 입어도 신발 정도는 괜찮을 것 같다. 튀어서, 나이에 맞지 않을까 하는 부담을 털어내고 신어보고 싶다. 결국 저지르고 말았다. 구매하고 나니 왠지 마음이 꽉 채워진 듯 기분이 뿌듯해진다. 너무 과하고 화려한 옷에 빨간 구두를 신는다면 아마도 저급하게 보일 수는 있겠다. 하지만 내가 즐겨 입는 검정 옷이라면 적절한 포인트가 되어 줄 것 같다. 행여 오늘 고심을 거듭하고 선택한 용기가 신발장에만 머물지 않기를 바랄 뿐이다.

젊은 기운이 살아 숨 쉬는 활기찬 도심인 서면 거리를 빨강 힐을 신고 걷는다. 굽 높이만큼 자존감이 치솟고 소심했던 성격도 바뀌는 것 같다. 어깨를 활짝 펴고 날렵한 자세로 또각또각 소리에 맞춰 당당하게 걷는다. 어릴 적 남일해 가수가 '솔솔 솔 오솔길에 빨간 구두 아가씨'를 멋들어지게 불렀던 노랫소리도 들리는 듯하다.

아무리 빨간색에 빠져들었다 해도 옷까지는 무리다. 지갑이나 교통카드 집, 휴대폰 커버, 모처럼 사게 된 구두까지다. 점점 소소한 빨간색 소품들이 늘어간다. 그동안을 미루어 본다면 생각할 수 없는 대단한 감정의 변화다. 그렇다 해도 지금까지는 과하지 않는 약간의 변화 그런 정도까지다.

검정 구두 일색인 신발장에 유일한 빨강 힐이 화려한 색을 풍긴다. 나를 내세우고 싶은 날에는 빨강 힐을 신는다. 한껏 도도한 자세가 되어 집을 나선다.

봄비

창문에 부딪히는 빗소리가 리듬을 탄다. 유리를 타고 흘러내린 빗물이 가슴 한구석에 웅덩이를 만든다. 오늘같이 봄비가 내리면 지난 추억들이 저절로 소환되어 물방울처럼 부풀었다 터지기를 반복한다.

봄비는 받아들이는 사람에 따라 의미가 다를 터. 봄비만큼이나 희망적인 것이 어디에 있나 싶다. 봄비가 적시에 내려주면 세상 만물이 싹을 틔우고 꽃을 피운다. 온종일 주적주적 비가 내리는데 봄비 노래를 모르는 채 그냥 지나칠 수가 없다. 월간지에 올려진 글을 읽었다. 비가 내릴 때마다 쇼팽의 '빗방울 전주곡 15번'을 듣는다는 작가님의 글이다.

건강이 좋지 않은 쇼팽이 연인 조르주 상드와 요양 차 마요르카섬, 발데모사 수도원에 머물렀을 때다. 장대같이 비가 쏟아지는 날, 쇼팽은 외출한 연인 상드를 기다리던 중이었다. 그날 수도원 지붕에 세차게 떨어지는 빗방울 소리에 악상을 떠올려 서정적인 피아노 선율로 이 전주곡을 완성했다고 한다.

　나는 지극히 소시민으로 현실에 부대끼며 살아온 처지다. 느긋하게 클래식 음악은 감상할 여유나 관심을 가질 수가 없었다. 간혹 지인이 건네준 초대장으로 오케스트라 연주나 현악 4중주 연주 감상을 한 적은 몇 번 있긴 하다. 클래식은 대중가요와 달리 일반적이지 못하고 어떤 계층만이 누릴 수 있다는 나만의 선입견 때문인지 모르겠다. 음악이 어렵게만 느껴지고 즐기기도 쉽지 않았다.

　작가의 글을 읽고 나니 빗방울 전주곡을 듣고 싶었다. 클래식에 무지한 내가 인터넷에 동영상을 찾아 들어본 피아노 연주 감상이었다. 처음 들어보는 음악이 마치 빗방울이 떨어지는 소리와 흡사하다. 분위기마저 비가 내리는 듯 쓸쓸함이 배어 있다. 추녀 끝에 떨어지는 빗줄기를 두 손으로 받았던 어릴 적 내가 그려져 아련해진다. 무슨 생각에 잠겼던 것일까. 지금 내 기억에는 없지만, 선율 속에는 그때의 빗소리가 들리는 듯하다.

　베란다 창에 매달리는 빗방울만큼 되살아나는 추억들. 마음속에 다져 놓았던 감정들도 살아나 날갯짓하며 달려와 와락 안긴다. 고독과 외로움, 회한과 자책은 아스팔트에 떨어진 물방울처럼 튕겨 오른다. 이후로 기분이 우울하거나 마음이 무거워지는 비 오는 날이며 이 곡을 한 번씩 듣게 된다. 꽉 차오르는, 뭔가를 표현할 수는 없지만 연주곡은 나를 흥건히 젖어 들게 한다. 그러나 '빗방울 전주곡을 들으며 미소가 머금어진다면 사랑에 빠진 것이고, 눈물이 난다면 아픔을 겪는 중이다.'라는 적절하게 표현된 글귀에 우울했던 마음에도 슬그머니 웃음이 난다.

Heavy rain_130 x 162cm_Oil on Canvas_2020

봄비 57

봄비 내리는 날이면 일부러 듣는 가요가 있다. 박인수의 '봄비'다. 칠십 년대의 히트곡으로 최고의 인기를 누린 노래다. 그러나 한동안 잊고 살았다. 이 노래를 부르거나 들을 때면 내 마음을 대변하는 것 같아서다. 지울 수 없는 그리움이 짙어지고 괜히 쓸쓸해져 일부러 더 멀리했는지도 모른다.

박인수가 불렀던 소울 음악은 미국 남부 시골 할렘에서 흑인 노예들이 노동을 하면서 불렀던 노래라고 한다. 영혼 또는 정신을 가리키는 말로 혼이 들어간 음악, 그래서 진하고 농도가 짙으며 통렬함을 느끼게 하는 음악이다. 박인수는 온몸을 쥐어짜는 듯 독특한 창법으로 절절하게 불렀다. 그는 한국전쟁의 아픔을 모질게 겪은 피해자 중의 한 사람이다. 그의 삶의 과정과 똑 닮아 더 절실하게 불렀던 것 같다. 봄비가 내리는 오늘 같은 날이면 전파를 타고 흐르는 이 노래를 한 번쯤 듣게 된다.

오래전, 가수 박인수의 현실을 엮은 〈인간극장〉 프로를 방영했던 적이 있다. 계절과 때를 맞추어 프로그램 제목도 '봄비'였다. 아침마다 내 시선은 티브이 화면으로 향했다. 한때 무대에서 슬픔을 토하듯 열창하며 뭇 대중들의 인기를 누리던 가수 박인수의 모습은 아니었다. 기초 수급자로 요양원에서 보호받고 있는 마르고 무기력한 노인이었다. 화면에는 그의 전성기에 활동했던 젊고 멋진 모습과, 병들어 초라해진 현재의 그를 대비시키는 영상을 담아내었다.

그에게 가족은 소중했지만 늘 음악이 먼저였다고 한다. 예술이란 누구나 쉽게 이해할 수 없는, 독하게 중독되게 하는 것이 있다. 그런 남편을 이해하지 못한 아내는 아들을 데리고 그의 곁을 떠났다.

예술가의 아내란 화려하고 멋지게 그려진 그림 같은 삶이 아니다. 더구나 가정에 집중하지 못하는 남편이었다면 말이다. 가난한 예술가의 아내라면 경제적 곤란에 버텨내기는 정말 힘들다. 심지어 가까운 부모 형제까지 짐작도 이해도 할 수 없는 지독한 현실에 부대끼게 된다. 피할 수 없는 내조자로 살아야 하는 운명이고 숙명이지 싶다. 다만 남편의 가능성과 예술성을 믿어주고 인정하며 버텨내는 것이다.

  이십여 년 만에 투병하고 있는 그를 아내와 아들이 찾아왔다. 박인수의 아내는 남편을 떠났던 철없었던 한때를 후회했다. 세 가족이 모여 다시 가족의 사랑이 시작되고 있었다. 봄비라면 행복보다 슬픈 이미지를 떠올리게 된다. 하지만 티브이에 보이는 그들 모습에는 슬픔이 아닌 행복으로 가는 희망의 봄비가 보슬보슬 내리기 시작했다. 그가 불렀던 봄비 노래와 함께.

> 이슬비 내리는 길을 걸으면
> 봄비에 젖어서 길을 걸으면
> 나 혼자 쓸쓸히 빗방울 소리에
> 마음을 달래고, 외로운 가슴을 달래길 없네
> 한없이 적시는 내 눈 위에는
> 빗방울 떨어져 눈물이 되었나
> 한없이 흐르네 봄비 나를 울려주는 봄비
> 언제까지 내리려나 마음마저 울려주네
> 봄비
>
> — 가수 박인수 노래 〈봄비〉 일부

여름날의 회상

딱히 정해진 일도 없다. 집안일이야 해도 되고 안 해도 그만이다. 치열한 삶을 살아내던 때는 단 하루만이라도 아무 일도 아무 생각도 하지 않는 날이 주어지기를 원했다. 그랬던 날도 세월이 흘러 나이가 드니 자연스럽게 주어지는 것을.

가만히 있어도 땀이 줄줄 흘러내린다. 빈둥거리는 날들이 쌓여가니 차츰 별 볼 일 없는 무기력한 사람으로 변해가는 듯싶다. 아무 일을 하지 않아도 되는 원했던 날들을 살고 있건만, 바쁨에 길들었던 탓인가 보다. 별 할 일 없는 지금의 삶이 아직도 익숙해지지 않고 마뜩잖을 때가 있다. 뭔가를 해야만 될 것 같은 조급함도 더러는 마음에 인다. 그런 때는 한여름 더위를 느낄 수 없었던 아등바등 살아낸 지난 세월이 떠오른다.

세월이 기억되는 곳이라면 당연히 부산진시장이다. 시장에 들를 때마다 층마다 오르내리며 원단이나 옷을 만드는데 필요한 부속들을 구매했다. 지금도 꼭 재래시장을 이용하는 분들이 있긴 하다. 백화점이 없던 시절, 가정에 필요한 것들이나 큰 경조사가 있으면 사람들은 전통시장인 진시장을 찾아갔다. 지하철이 없으니 시장으로 가는 버스는 늘 만원이었다. 한여름 에어컨이 있을 리 없다. 더운 버스 안이 사람들의 열기로 숨이 막힐 지경이었다. 더구나 버스가 흔들릴 때마다 넘어지지 않으려고 용쓰며 버텨냈던 지난날들이다. 오늘은 무료한 일상을 지우려고 한때 내 삶의 중심이 되었던 그곳을 찾아가려 집을 나섰다.

  시장 일층에 들어서니 제일 먼저 단추나 지퍼, 안감과 접착 심 등을 구매했던 부속 점포가 아직도 그대로 영업 중이다. 몇몇 여인들이 색색으로 모양이 다양한 단추를 고르고 있다. 수십 년의 세월이 흘렀건만 풍경은 별로 달라지지 않았다. 그래서일까, 옛 기억은 더 생생해진다. 이층 계단에 올라선다. 점포마다 유명 모직 간판을 달고 원단을 판매하며 호황을 누리던 점포들은 거의 기성 옷가게로 탈바꿈되어 있다. 그때의 사장님들과 모델같이 말쑥하게 차려입고 고객을 끌던 잘생겼던 점원들도 볼 수 없다. 주문받은 원단을 구매하러 들를 때마다 반갑게 맞아주던 그들은 지금 어디서 무엇을 하며 나처럼 다른 삶을 살아가고 있을까.

  간간이 원단을 판매하는 점포들이 눈에 띄기는 하다. 점원도 없이 주인인 듯한 사장님은 찾아주는 이도 없는 점포를 홀로 지키며 무료한 시간을 줄여가고 있다. 이제는 원단을 구매할 일도 없다. 멀뚱하게 서서 진열된 천을 눈으로만 살펴보며 옛 나를 회상한다. 천을 선택해서 맞춰 입는 번거로움을 피해 백화점에서 필요한 의상을 쉽게 구매할 수 있는 시대가 되니 원단 점포만 사양되어진 듯하다.

　이층과 달리 지하 포목점에는 천을 고르는 고객들이 제법 눈에 띈다. 요즘에도 자신만의 특별한 옷을 고집하는 사람들이다. 백화점에서 구매했던 옷은 비싸기도 하지만, 간혹 같은 옷을 입은 사람과 마주칠 때가 있다. 그날 이후로는 그 옷은 늘 장롱 속에 걸어두게 된다. 천을 고르고 있는 저들도 자신만의 의상을 입고 싶은 심정인지도 모르겠다.

　찬찬히 살펴보니 실크처럼 하늘하늘한 검정 폴리 원단에 눈길이 간다. 손끝으로 만지며 감촉도 느껴본다. 저 천으로는 가슴 밑에서부터 퍼지는 플레어가 지는 롱 원피스가 좋겠다. 목 부분에는 아주 작은 스텐칼라로, 민소매 디자인을 한다면 깔끔한 여름옷으로 시원하게 보이겠다. 때에 따라 벨트를 하면 세련되고 멋진 변형된 스타일이 될 것 같다. 흰 바탕에 작은 꽃무늬가 있는 원단은 자잘한 셔링을 잡아 우아하고 화려하게 삼단 치마를 만들면 되겠다. 점포마다 마음에 드는 원단을 바라보며 나만의 디자인에 빠져든다.

　날씨가 습하고 더위가 심해지면 의상실은 완전 비수기에 접어든다.

　무더운 여름철이 되면 사람들은 입었던 옷도 벗어버릴 지경이다. 이럴 때는 가겟세와 공장 직원들 월급날은 왜 그렇게 빨리 다가오는지. 어떻게든 이 계절을 버텨내야 했다.

　여름에는 짜임이 특별하고 색상이 시원하게 보이는 원단이 제격이다. 단조로운 디자인으로 오래 입어도 싫증나지 않는 옷이어야 한다. 여름 원단을 구매하러 진시장 지하 매장에 들를 때가 많았다. 지하에는 점포마다 보세공장에서 흘러나오는 자투리 원단들을 구매할 수 있다. 잘만 고르면 일반인들이 입을 수 없는 특별하고 고객 취향과 스타일에 어울리는 개성 있는 옷을 디자인할 수 있다.

구매한 원단으로 만들어진 샘플 옷은 제일 먼저 내가 입고 움직이는 마네킹이 된다. 그리고 윈도 안 세 마네킹에도 특별하게 디자인이 된 옷을 입힌다. 내 차림을 본 고객은 주문하기도 하지만 성격 급한 손님은 아예 입고 있는 내 옷을 바로 입고 가기를 원했다. 마네킹이 입은 옷도 자연히 지나가는 사람들의 시선을 사로잡아 고객으로 끌어주었다.

여자들은 아무나 입지 않는 자신만의 옷을 원한다. 손님마다 변형된 디자인으로 단골 고객의 멋을 충족시켜주며 그렇게 힘들었던 여름 비수기도 무난하게 넘길 수 있었다.

앞선 패션으로 멋진 옷을 원 없이 입었다. 사람들은 그런 나를 바라보며 부러워도 했지만 긴 세월에 까다로운 사람들로 인해 마음에 상처를 받기도 했다. 쉴 수 없는 바쁜 일상들이 나를 지치게 했고 보다 힘들고 불안한 것은 재봉사들의 기술 갑질이었다.

오랫동안 힘든 삶을 살다 보니 멋지고 화려한 옷도 다 귀찮아졌다. 지금은 아무리 고급스러운 좋은 옷도 그리 부럽지 않고 입고 싶은 생각조차 들지 않는다. 그저 무덤덤할 뿐이다. 그때는 내가 이 직을 그만두게 되면 다시는 미련 두지 않고 뒤도 돌아보지 않을 거란 생각을 했었다.

애들 키우고 살림하랴 의상실 경영으로 정신없이 바빴던 날들이었다. 잠자는 시간마저 줄여도 힘든 줄도, 더위조차 느끼지 못했던 아득바득 안달복달 살아낸 지난 삶이었다. 그 세월이 잠시 스친 바람처럼 후딱 가버렸다.

이제 몸도 마음도 한없이 편안하다. 그런 내가 굳이 옛 삶의 현장을 찾아와 시원한 여름옷을 그려보며 지나간 여름날을 회상하고 있다. 재봉틀과 재단 가위는 이미 다 녹슬었는데.

제2부

애완견 유치원 반장 선거
9회말, 2사 주자 만루
청색 머플러
살림꾼
마음에 심은 나무
여인, 노을을 읽다
울음이 배어 있는 집
하얀 그림, 하얀 그리움
도다리를 추억하다
겨울, 비파가 익어간다

Sunflower_45.5x33.4cm_Oil on Canvas_2022

애완견 유치원 반장 선거

두 해 전쯤이었나. 키우는 강아지의 사회성 교육을 위해 강남 최고 수준의 애완견 유치원에 보낸다는 지인 아들의 말을 들었다. 강아지 유치원이라는 말에 웃음이 터졌다. 그런데 오늘은 애완견 유치원 반장 선거가 있었다는 기사가 조간신문에 실렸다.

경기도 어느 애견 유치원에서 강아지 반장 선거가 있었다. 견생 30마리 중 수업에 적극적인 네 마리 후보가 경쟁하게 되었다. 자격은 달리기 시합에서 이기거나 "기다려!"라고 했을 때 오래 버티고, 출석률이 높거나 다른 견생들과 사이좋게 지내는 강아지가 반장으로 선출되었다. 자식같이 귀하게 여기는 강아지가 반장으로 뽑혔으니 견주는 기분이 좋아 유치원에 개껌을 돌렸다고 한다. 퇴근한 아들에게 신문 기사를 들려줬다. 종일 혼자 삐쭉거리며 참았던 웃음으로 아들과 함께 호탕하게 웃었다.

저출산과 고령화로 반려견을 자식처럼 애지중지 여기는 가정의 수가 늘어난다. 실제로 아이들이 다니는 어린이집과 유치원은 점점 줄어들고 반려견 유치원은 상승세를 타는가 하며, 이로 인해 펫 사업이 발달하는 추세다. 애견 전문 기관에서는 애견 유치원 교사 양성, 전문 훈련사, 놀이 지도법, 미용 기술, 행동심리학 등을 교육해 배출한다. 강아지 호텔이 생겨나고 전용 카페와 놀이동산, 용품 판매점, 동물병원, 심지어 화장장까지 성업 중이다.

여러 분야에서 전문직으로 활동하는 영리한 견들이 있다. 마약 탐지견, 재해 구조견, 맹인 안내견, 군견, 추적견 등이다. 이대로 간다면 조만간 애견 대학도 생겨날 판이다. 그때는 학식이 풍부하고 교양 넘치는 대학 출신의 멋진 견들이 전공 분야에서 성실하게 직분을 다할지도 모른다.

나도 오랫동안 애완견을 키웠다. 애들이 용돈을 모아 무턱대고 사는 바람에 어쩔 수 없이 키웠던 하얀 말티즈 쫑이다. 귀찮다고 생명이 있는 것을 내칠 수가 없었다. 정신없이 바빴던 내가 애완견 치다꺼리까지 떠맡은 셈이다. 무엇보다 예쁘기도 하고 온갖 귀여운 재롱에 푹 빠져 점점 정이 들어 애완견이 식구가 되었다.

당시 처지는 낮에는 온 가족이 집을 비워야 했다. 쫑이는 종일 홀로 빈 집을 지켜냈다. 강아지 유치원이 있다 해도 빠듯한 형편으로는 원비가 엄청나 유치원에 보낼 엄두를 내지 못했을 것이다. 혼자 무료한 시간을 보내다 보니 스트레스가 쌓여서인지 못마땅하면 돌봐주는 주인 손을 사정없이 물어버렸다. 심지어 잘생긴 아들 코까지 물어 병원으로 달려갔던 적도 있다. 난폭하다고 내친다면 누가 성질머리 고약한 사나운 녀석을 돌봐

주겠는가. 내가 조심하고 감수할 수밖에 없었다.

　유치원에 보낸다 한들 원생들을 괴롭힐 것은 뻔하다. 요즘 인사청문회에서 아들 학폭이 문제가 되어 국회의원들의 공세에 곤혹을 치르는 장관 후보자처럼, 나 또한 훈육을 잘못시킨 탓으로 견주의 책임을 피할 수 없었을 것이다. 피해 견주 앞에 머리를 숙여 용서를 구하는 일이 잦았을 테고, 비싼 치료비까지 지불하는 경우도 빈번했지 싶다.

　강아지 18년은 사람의 수명으로 치자면 이미 백 세를 훌쩍 넘긴 어르신이다. 인간도 세월이 더할수록 몸이 말하듯, 강아지 역시 온갖 질병으로 입원과 퇴원을 반복했다. 기력 회복으로 영양제를 맞기도 하며 복용하는 약 종류도 늘어갔다. 의료보험 혜택을 받을 수 없는 동물이니 엄청난 치료비가 들었다. 부모의 경제 사정을 알 리 없는 철없는 애들은 오직 강아지의 아픈 고통만 안타까워 울고불고 병원가기를 채근했다. 나 역시 그저 바라보고만 있을 수는 없어 한밤중에 다급하게 응급실을 찾아가는 경우도 생겼다. 그런 일이 있었던 다음날 어느 모임 식사 자리에서다. 밤잠을 설쳤으니 노곤하고 연달아 하품을 해댔다. "어젯밤에 어르신이 위독하여 응급실에 다녀오느라 밤잠을 못 잤다."는 내 말에 모두가 한 미디씩 던진다.

　"에구 우짜노? 어르신이 어디가 어떻게 아프신가요?"

　"올해 연세가? 어르신 모시고 산다고 큰 욕 봅니더."

　내 처지가 힘들고 딱하게 여긴 분들이 저마다 위로차 한마디씩 건넸다. 졸지에 시부모께 정성을 다하는 지극한 효부가 되었다. 결국 나이가 많이 든 애완견으로 밝혀져 모두 배를 잡고 쉽게 멈춰지지 않는 긴 웃음을 웃

애완견 유치원 반장 선거

었다.

 강아지 평균 수명보다 훨씬 오래 살았던 쫑이의 생도 끝이 왔다. 화장을 진행하는 분이 강아지 몸을 깨끗이 닦고 최고급 삼베 수의를 입혀 관 속에 뉘었다. 종교에 따라 제상을 차려 예를 올리고 또 다른 순서까지 진행한 다음에야 화장에 들어갔다. 장례 예식의 뻔한 상술인 줄은 알지만 쫑이가 떠나는 마지막 길이라 최선을 다했다. 진행하는 분은 조화로 잘 치장해 놓은 납골당을 권했지만, 집으로 돌아와 아파트 숲에 뼛가루를 뿌렸다. 외출할 때나 돌아오는 길에 언제나 내 시선이 향하는 곳이다. 짐승도 영원한 이별은 견디기 힘들다. 한동안 빈자리가 허전하고 슬펐다. 어떤 경우라도 살아 있는 생명체는 기르지 말라고 아들딸에게 일러두었다. 내가 한 이 말은 자손 대대로 전할 것을 신신당부를 해두었다.

 예전에 친분이 있었던 분의 애지중지한 강아지 사랑 이야기다. 기르던 애완견이 죽어 명당자리에 묘를 쓰고 비석을 세웠다고 한다. 큰돈을 들여 절에서 사십구재를 올리고, 기일이면 제상을 그득하게 차리는 정성을 들인다는 이야기를 들었다. 그 후, 비워진 빈자리를 채우려 애정했던 전 애완견과 똑 닮은 강아지 두 마리를 입양했다.

 그날은 애완견 생일이라 했다. 강아지 두 마리에게 화려한 드레스를 입히고 미장원에서 털을 손질하고 발톱에 빨간 매니큐어 칠을 했다. 친한 지인들을 초대해서 호텔에서 생일 축하 파티를 하였다. 애완견에게 손님들이 주고 간 용돈이 통장에 차곡차곡 쌓여 있다는 말을 직접 들었다. 사람도 어떤 부모에게 태어나느냐에 운명이 좌우되듯이 강아지 팔자도 마찬가지다. 참 유별한 강아지 사랑에 내가 기르는 쫑이에게 정말 미안한 마음이 들었다. 빈부 차이가 사람에게만 있는 것이 아니었다.

'개 팔자가 상팔자다'라는 옛말이 지금 이 시대를 알려주는 예언 같다. 공원을 갈라치면 애완견을 아기 띠로 업고 다니거나, 귀엽고 예쁜 옷을 입혀 고급스러운 유모차에 태워 다닌다. 심지어 비싼 항공료를 지불하면서 여행길을 같이한다. 명품 의상에 검은 선글라스를 낀 멋쟁이 애완견을 제법 보았다. 개 팔자가 상팔자라 아니할 수가 없는 시대가 되었다.

모든 개가 그렇게 호사를 누리는 것은 아니다. 누가 어떤 이유로 버렸는지. 간혹 차들이 질주하는 위험한 대로를 가로질러 가는 떠돌이견이나, 먹을 것을 찾아 시장 바닥을 누비는 유기견도 있다. 쏟아지는 비를 맞은 후줄근한 개들은 흔하디흔하다. 애완견을 기른다는 것이 절대로 쉬운 일은 아니다. 귀엽고 예쁜 모습만 보고 무턱대고 입양했다가 냉정하게 내치는 가슴 아픈 경우를 더러 보았다. 입양이라면 끝까지 책임을 다할 수 있어야 한다는 경험자인 내 생각이다.

반장을 뽑는 애완견 유치원 소식에, 예전에는 상상할 수 없었던 개판이 된 희한한 세상을 산다 싶어 그저 헛웃음이 난다.

9회말, 2사 주자 만루

티브이 야구 게임 프로를 즐겨본다. 끝날 때까지 승패를 알 수 없는 게 야구 경기지 싶다. 이기겠다 싶었던 게임도 한순간 역전패하기도, 이미 대세가 기울었다 싶은 팀이 찬스를 살려 역전승하기도 한다. 살다 보면 풀리지 않을 것 같은 사람의 삶도 끝까지 최선을 다해볼 일이다. 삶의 그 끝을 알 수 없으니.

'최강 몬스터즈'는 은퇴한 선수들이나, 실적 부진으로 방출된 선수, 프로구단에 선택되지 못해 갈 곳 없던 대학 졸업자, 고등학교를 갓 졸업한 아주 어린 선수도 있다. 팀원 중 대부분은 현역에서 물러난 노장들이니 다소는 둔해진 몸이라 여길지도 모른다. 하지만 수비와 타격과 주루에 최선을 다한다. 아무리 팔팔한 젊은 선수라도 그들의 몸에 배어 있는 정신력과 노련함을 이겨내기 쉽지 않다. 지휘봉을 맡은 김성근 감독도 팔순을

훌쩍 넘긴 은퇴자다. 이미 구단에서 명성을 떨쳤던 명감독이다. 그의 야구에 대한 열정만은 절대 늙지도 녹슬지도 않았다. 예리한 분석과 판단은 누가 그를 팔십을 넘긴 노장이라 말할 수 있을까 싶다.

경기 때의 타자들은 당당한 각오로 타석에 들어선다. 그러나 배트 한 번 휘두르지 못하고 삼진아웃이다. 안타 한 방 날리지 못하고 타석을 물러날 때는 너무 아쉽고 안타깝다. 시청하는 내가 속이 타는데, 정작 불발로 물러나는 본인의 속이야 오죽할까. 그래도 도를 닦은 듯, 해탈의 경지에 오른 수도자처럼, 누르고 다지고 삭히면 묵묵히 다음 타석을 기다린다.

다행히 어린 선수들에게는 기회를 잡을 수도 있다. 이곳에서 실력을 인정받게 되면 프로구단에서 눈여겨보고 스카우트하는 경우를 여러 차례 보았다. 타석에 서면 안타를 날리고, 이쪽저쪽 잽싸게 몸을 날려 어려운 타구를 완벽하게 잡기도, 정확한 송구로 주자를 아웃시키는 수비에 감탄을 자아내게 한다. 이렇게 입지를 굳힌 선수는 조만간 경기장에서 대단한 능력을 펼쳐낼 것 같다.

특별히 정근우 선수를 좋아한다. 그도 은퇴한 노장 선수다. 그는 경기에 임할 때는 최선이다. 분명히 안타라 여겼던 공도 악착같이 달려가 잡아내는 명수비수다. 타석에 들어설 때는 안타를 치기도, 투수의 공을 잘 파악하여 포볼로 진출할 때도 많지만, 투수의 악송구에도 몸을 피하지 않고 기회를 살려낸다. 순간 찬스도 잘 포착한다. 온 전신의 힘을 다해 도루까지 해낸다. 그의 경기 모습에 관중들의 함성이 경기장을 채운다. 음식에 비유하자면 맛을 좌우하는 양념 같은 존재다. 간혹 재치 있는 플레이에 웃음을 자아내게 하는 스타 선수다. 별 웃을 일 없는 나도 그의 플레이에 종종 웃음을 웃곤 한다.

한때 온 가족이 프로야구 게임에 빠진 적이 있었다. 특히 롯데 광팬인 남편은 경기에 이길 때면 얼굴에는 환한 미소가 한가득하였다. 아들과 함께 그날의 경기 분석으로 즐거워하기도, 졌을 때는 아쉬운 경기에 혀를 톡톡 차기도 했다. 그렇게 식구들이 야구 경기에 열광했던 시절, 그때 티브이 화면에 눈을 떼지 못하고 긴장하며 보았던 잊히지 않는 경기가 있었다.

게임은 9회 말이었다. 이번만 잘 막으면 승리의 기쁨을 누릴 수비팀이다. 역전할 수 있는 마지막 기회인 공격팀도 비장하다. 그러나 이미 타석에 들어선 두 선수가 차례로 삼진 아웃으로 물러났다. 누가 보아도 공격팀은 도저히 회생이 불가능한 9회 말 투아웃이다. 그런데 세 번째 선수가 꺼져가는 불씨를 살린다. 안타를 치고 일루 안착이다. 조용하던 관중석에 함성이 터져 나온다. 잇따른 선수가 이루타를 치니 주자가 이 삼루가 된다. 이번에는 투수가 당황을 했는지 세 번째 타자를 포볼로 진루시킨다.

경기는 9회 말 이사 만루다. 졌다고 생각했던 팀이 뜻밖에 역전의 기회를 만들었다. 찬스다. 끝날 때까지 안심할 수 없는 것이 야구 게임이다. 투수와 포수의 주고받는 사인이 요란하다. 타석에 서 있는 타자도 파울을 날려 한 번 더 공을 칠 기회를 만들 것인지, 안타를 쳐 주자를 홈으로 불러들일 것일지. 한 점을 추가한다 해도 현재 육 대 삼 점수 차를 뒤집기는 어렵다. 이런 경우 타자들이 줄줄이 안타를 쳐서 승리했던 적이 없지는 않다. 그때처럼 계속 안타를 쳐주리라는 보장은 없다. 욕심을 부리자면 만루 홈런 한 방이면 게임이 뒤집히련만. 경기장에서 1승을 올리려 치열하게 최선을 다하는 선수들이다. 간혹 사람 중에 노력 없이 오로지 한 방의 대박만을 노리다 헛스윙으로 패가망신하는 사람도 더러 있긴 하다.

게임은 결국 9회 말, 이사 만루에 투 스트라이크 스리 볼이다. 위기와 기회의 순간이다. 마지막 던지는 공과, 쳐야 하는 방망이에 승패가 달렸다. 양 팀 감독과 더그아웃에 응원하는 선수들, 중계하는 아나운서의 흥분한 목소리, 관람석에서 지켜보는 관중들이나, 티브이를 보고 있는 가족들까지 손에 땀을 쥐게 했었던 기억이 떠오른다. 이쯤에서 나는 어느 팀이 이기고 졌던 결과는 말하고 싶지 않다. 야구든, 삶이든 위기의 순간에도 끝까지 최선을 다하는 노력과 정신력을 말하고 싶어서다.

한동안 야구 경기 시청은 하지 않았다. 세월이 흘러 이제는 내가 최강 야구 광팬이 되었다. 야구란, 때로는 수비 실책과 주루 실패, 타격 부진으로 패하기도, 자신을 희생하고 주자를 살려내는 극단적 플레이도 한다. 뭐니 해도 야구의 꽃은 홈런이 아닌가 싶다. 얼마 전에는 이대호 선수가 한 경기 4타석 연타 홈런을 날렸다. 사람들은 조선의 4번 타자라 부르며 그에게 열광한다. 긴 세월 자신의 꿈을 위하여 노력하며 참고 견뎌내는 사람들이 있다. 힘들었던 그들도, 이대호가 날렸던 홈런처럼 원하고 바란 일들을 이루어낸다며 세상 참 살맛 나련만.

일구이무一球二無는 김성근 감독의 철학이다. 순간순간을 허투루 쓰지 말라는 뜻이다. 그가 평생으로 살아온 야구 인생이다. 팔십 노구에도 직접 수비와 배팅을 가르친다. 그의 식지 않는 열정이 존경을 넘어 경이롭다. 비록 아픔이 있는 선수들이지만 야구에 대해 포기하지 않는 집념이 있어 현재 '최강 몬스터즈'가 프로야구 인기를 능가한다. 최강야구가 승리했을 때마다 단장 장시원 PD가 선수들에게 하는 말이 있다. "오늘은 기분이 너무 좋습니다."

9회 말, 이사에 주자 만루, 마지막 승리의 기회를 살려내는 통쾌한 홈런처럼. 원했던 일을 멋지게 이루어낸다면 그때는 나도 얼마나 기분이 좋을꼬.

청색 머플러

속절없이 젖어 든다. 눈앞에 펼쳐지는 청색 바다 빛에 가슴이 설렌다. 짙푸르고 광활한 바다, 몰아치는 드센 파도가 활기차고 생동감을 준다.

전에는 색상 톤이 짙거나 그늘진 어두운색으로 은근한 세련미를 과시했다면, 요즘 사람들은 강렬하고 노골적인 색채에 과감하다. 이제는 세상살이가 여유롭고 밝아졌다는 의미일 테다. 업으로 했던 전직 탓인지, 아니면 늘 바라봤던 화가의 붓질하는 색들이 감각 속에 배어 있어서일까. 간혹 엉뚱한 컬러에 예민하게 다가갈 때가 있다.

사람이 나이가 들면 신체 변화는 쉽게 알 수 있지만, 마음의 변화는 쉬이 눈치채기 어렵다. 전에는 이러지 않았는데 한 번씩 톡톡 튀는 원색에 눈과 마음이 대책 없이 끌린다. 무심하게 지나쳤던 사찰의 단청에 넋을 빼앗기고, 오뉴월의 싱그럽고 창윤한 초록에 빠져 발길을 멈추기도, 엉뚱하게도 빨강 수전에 홀린 적이 있다. 그런데 이번에는 한겨울 짙은 청색 바다 빛이 처음 보는 색인 듯 내 발목을 붙잡는다. 얼마나 깊고 차갑고 시리면 저처럼 오묘한 빛을 발할까.

나는 계절에 따라 변하는 바다색을 무척 좋아한다. 봄에는 청록색으로, 여름에는 에메랄드빛으로, 가을 바다는 깨끗하고 맑고 파랗다. 특히 거칠고 시린 겨울 바다는 늘 그리워한다. 물꽃을 하얗게 피우는 검푸른 파도가 보고 싶었다. 걸었던 코스 마지막 오름 정상에 섰을 때 눈앞에 마주한 유난히 짙은 청색 바다는 달라 보였다. 넋을 놓고 서 있었다.

바다라면 부산이다. 타지의 사람들은 바다에 둘러 있는 부산 여행을 꿈꾼다. 하지만 정작 부산에 살고 있는 나는, 하와이 와이키키 해변보다 더 매력 있다는 해운대나, 젊음이 북적대는 광안리, 낙조가 아름답다는 다대포를 찾아 노을을 즐길 여유가 없었다. 그랬던 나도 칠십 리 인생길을 걷다 보니 시간 여유가 주어졌다. 해외여행까지는 아니더라도, 바다를 곁으로 섬 여행은 종종 떠난다.

물살이 잔잔한 남쪽 바다는 어릴 적 놀이터였다. 남녀를 의식하지 못하는 예닐곱쯤의 또래들이다. 아직 입고 벗는 것에 대한 개념이 있을 수 없었다. 간혹 팬티를 입는 애들이 있기는 했지만 오로지 물장구 놀이가 즐겁기만 했다. 요즘 젊은 엄마들이라면 칠색 팔색을 할 일이다. 지금도 남자 친구들은 벌거숭이 어린 시절을 이야기하곤 한다. 우린 숨길 것도 없는 사이라고 그때를 떠올리며 통쾌하게 웃는다. 얕은 물가 말갛게 씻긴 자갈들은 밀려오는 잔파도에 어른거린다. 세상살이에 오염되지 않은 해

맑았던 시절이 있고, 추억하는 안태고향이 있어 얼마나 다행인가. 어디서라도 바다 앞에 서게 되면 맑았던 그때의 나로 돌아간 듯하다.

내 아버지는 용감한 바다의 남자였다. 많은 어선과 어부들을 거느린 유능한 젊은 선주이자 선장이었다고 한다. 하지만 얼굴도 모습도 기억에 없으니 떠올릴 것도 없다. 그리워하고 추억할 일은 더더욱 없다. 친구들과 숨바꼭질할 때 숨어들었던 창고에는 아버지의 손길로 한가득 쌓아놓은 어망을 기억한다. 그물 사이에 몸을 숨겼을 때 맡았던 짠 냄새는 지금 돌이켜 생각하니 아버지 체취가 묻어 있던 유일한 아버지의 향이었다.

바다가 펼쳐 되뇌던 생동감 넘치는 파도를 바라보니 언뜻 엄마에게 들었던 아버지의 무용담 한 토막이 떠오른다. 어렸던 내가 뭔 소린지 알아듣기나 했을까. 다만 남편을 그리는 청상이 혼잣말로 되뇌이던 푸념이었을 것이다. 청색 바다에서 엄마의 슬픈 넋두리가 되살아난다.

아버지에게 바다는 삶을 건져 올리는 터전이었다. 아버지는 바다를 향한 책임감과 야망이 대단했던 것으로 짐작된다. 선원들을 지켜낼 크고 안전한 배가 필요했을 테다. 늘 만선으로 채울 꿈도 꾸었으리라. 아버지가 기어이 일본에서 어선을 사서 돌아왔다고 했다. 배는 컸지만, 망망대해에 시는 동동 떠다니는 한낱 가랑잎 같았을 터. 두려움도 외로움도 쓸쓸함도 견뎌내야 했다. 거친 파도를 헤치며 방향을 잡아 대한해협 바닷길을 달렸을 것이다. 대단하고 용감했던 젊은 선장이 바로 내 아버지였다.

철이 들면서 아버지가 없다는 사실이 서러웠다. 어린 자식들을 건사해야 했던 청상의 얄궂은 삶에도, 떠난 남편을 원망하거나 탓한 적이 단 한 번도 없었다. 다만 젊은 남편이 펼쳐낼 큰 꿈들이 상실된 아쉬움과 안타

80 청색 머플러

버플러_Blue_91 × 40.2 cm_oil on canvas_2024

청색 머플러 **81**

까움만 한숨으로 토해냈을 뿐이다.

　시린 바다를 보는 순간 마음이 아리고 울컥했다. 거칠게 출렁이는 바다는 내 아버지의 바다였다. 이제야 그리워지는 아버지. 무심히 바라만 보던 바다. 내가 품어야 할 내 아버지의 바다다. 죽고 사는 것이 사람의 운명인 것을, 일찍 버리고 떠났다고 원망했던 마음이 사라진다. 그 순간부터 기억에 없는 아버지가 그리움의 색이 되어 마음 깊은 곳에 담긴다. 저 색에 흠뻑 물들이고 싶다. 오직 내 것으로, 내 품 안으로 끌어들이고 싶어졌다.

　여행에서 돌아온 다음날부터 청색 머플러를 찾아 나섰다. 꼭 닮은 색이어야 했다. 당상봉 정상에서 바라봤던 그 바다의 빛을 찾기란 쉽지 않았다. 포기할 수가 없었다. 집착은 더해 갔다. 며칠 만이다. 머플러 전문 매장에서 유일하게 닮은 청색 머플러를 기어이 찾고 말았다. 찾았다는 안도감 때문일까. 꿈속인 듯 내 얼굴에는 하얀 물꽃이 피듯 미소가 번져간다.

　청색에 끌렸던 내 예감은 다르지 않았다. 브랜드 매장마다 늘씬한 마네킹이 짙푸른 옷을 차려입고 고객들의 눈길을 잡고 있었다. 한참을 바라보고 섰다. 광활한 바다, 생동감 넘치는 짙푸른 파도가 밀려왔다 밀려간다.

　바다가 그리워서 떠나고 싶은 날이 있다. 그런 날에는 청색 머플러를 두른다. 색이 주는 냉정함도 차가움도 없다. 나만이 느끼는 따뜻하고 포근함이 온몸으로 전해진다. 자식 중 나를 가장 예뻐했다는 아버지의 마음이 이랬을까. 팔레트에 묻어나는 순청빛 그리움처럼, 내 아버지의 색이라서 그런가.

살림꾼

판매대에 진열된 식기 세트를 찍어 카톡으로 보내왔다. 아들은 백화점 주방용품 전시장을 둘러보는 중이란다. 부엌에 필요한 것 중 눈길이 가는 몇 가지를 찍어 올렸다.

색상과 모양을 달리하는 그릇들이다. 디자인이 세련된 색색의 냄비는 태웠던 흔적들이 얼룩으로 남아 있는 것과 완저히 다르다. 어떤 음식을 조리한다 해도 요술을 부려 특별한 맛을 낼 것 같다. 아기자기한 접시들은 무슨 반찬을 담아도 풍미가 더할 것으로 보인다. 찍어 올려주는 주방용품들은 모두 부엌에 들여놓고 사용하고 싶다. 고르는 눈썰미가 탁월하다. 젊은 남자의 쉽지 않은 관심사다.

식기는 각자의 색으로 정하자고 한다. 계절과 어울리는 그릇 선택은 어떻겠냐고 묻는다. 여태껏 생각해 본 적도 시도해 본 적도 없다. 그냥저냥 부엌살림을 해 온 나다. 더구나 여자가 아닌 아들의 제안이 조금은 당황스럽다. 일 년을 상하반기로 나누어 본다. 겨울에는 따뜻하고 묵직하게 보이는 것이면 되겠다. 여름은 산뜻하고 시원함이 느껴지는 식기라면 괜찮지 싶다. 전과 달라질 부엌 풍경을 상상하니 칙칙했던 부엌이 환하고 깔끔하게 정리될 것 같다.

가까운 지인의 집에 들렀을 때다. 눈길을 끌며 입을 다물지 못하게 했던 경험이다. 여러 국적을 달리하는 멋진 그릇들이 진열되었는데 무늬들이 화려하고 생긴 형태가 이색적이었다. 주인의 잦은 해외여행과 주어진 삶이 한없이 여유롭다는 의미다. 자랑스러워하는 주인의 마음과 달리 그릇에 큰 관심을 두지 않았으므로 그리 부럽거나 탐나지 않았다.

주방 식기는 오래 사용했으나 개의치 않았다. 가지각색이 뒤섞여 잡다하지만, 부엌의 변화는 생각하지 못했다. 음식량에 따라 담아낼 적당한 크기만 갖춰지면 그만이었다. 오로지 배를 채울 수 있는 푸짐한 양과 맛에만 집중했다. 그런데 요즘 부엌을 들락날락하는 아들의 관심사가 달라졌다. 주방 그릇이나 기구, 음식 재료 챙기기다. 이뿐만 아니다. 집안에 필요한 모든 것을 주문해서 배달시킨다. 하루에도 몇 차례 벨 소리가 택배 도착을 알린다.

이번만은 정신 줄을 단단히 잡아 보리라. 가스레인지에 올려놓은 고구마가 익을 때까지 소파에 앉아 뉴스를 시청한다. 국회의원 선거철이니 채널마다 유권자 마음을 사로잡으려는 출마자들의 정책 공약들로 시끄럽다. 내 짧은 소견으로 전혀 현실성 없는 공약들도 남발한다. 입으로 구시렁대면서도 중독자처럼 티브이를 끄지 못한다. 그사이 매캐한 냄새가 온

집안 한가득하다. 아차, 급하게 부엌으로 달려가 레인지 불을 끄지만 이미 냄비는 까맣게 타고 말았다. 깜빡 정신 줄을 놓아버린 탓이다. 요즘 따라 부쩍 이러는 내가 정말 한심스럽다. 뉴스에서 받았던 못마땅한 스트레스까지 보탠 울화가 머리끝까지 치민다.

여러 차례 태웠던 냄비다. 그동안 검게 탄 냄비는 팔이 아프도록 닦아 사용했다. 아무래도 이번만은 회생이 불가능하다. 이런 경우가 한두 번이 아니니 온전한 냄비가 남아 있을 리 만무하다. 음식의 양에 따라 조리해야 할 적당한 냄비가 필요하긴 했다.

그릇은 따로 구매한 적이 별로 없었다. 주로 매장 행사 때 받아둔 사은품이나, 셋째 형님 부엌이 새 그릇으로 바꿀 때마다 사용했던 것들을 물려주었다. 색상과 모양은 상관하지 않았다. 바쁘다 보니 손님을 초청해서 상을 차릴 일은 절대로 만들지 않았다. 시간을 줄일 수 있는 빠르게 조리되는 음식이었고, 간단하게 올릴 수 있는 몇 안 되는 식탁 차림이었다. 세련되고 고급스러운 그릇은 관심 밖이었다.

이왕이면 멋진 그릇에 모양 나게 담아낸 음식은 보는 것만으로 정성이 느껴지고 식욕을 돋게 한다. 그렇게 차린 식사를 하게 되면 큰 대접을 받는 느낌이 들게 된단다. 늦은 밤 서둘러 차려낸 식탁에 앉은 남편의 딱 한 번 했던 말이었다. 늘 노심초사하며 사는 나에게 뭔 투정인가 싶었다. 힘든 내 처지를 알아주지 않는다는 섭섭한 마음이 컸다. 그의 말이 마치 가슴을 찌르는 못 같았다.

그는 음식 맛을 탓한 적이 없었다. 식탁에 올리기까지 요리하는 사람을 마치 잘 그려 완성한 예술가의 작품과 같이 여겼던 것일까. 간혹 나도 화려하고 모양 나게 차려놓은 상차림 앞이면 먼저 눈으로 예술작품을 감상하듯 한다. 특히 내 눈길이 가는 음식은 먼저 침샘부터 열린다. 그때마다 어김없이 내 귀에 들린다. '보기 좋은 음식이 먹기도 좋다'는 그의 말이.

아들이 주방에 관심을 가지면서 점점 살림꾼이 되어간다. 주말이면 나를 제쳐두고 주방을 차지한다. 엄마의 영양 상태까지 살펴 식재료를 사용한다. 이제는 도마 위 칼질 소리도 익숙한 듯 리듬이 맞다. 완성되면 가장 잘 어울리는 멋진 그릇에 깔끔하고 보기 좋게 담아낸다. 고급스럽고 맛깔스럽게 보이는 요리가 식욕을 자극한다. 토종 음식에 길든 내 입맛에도 맞는 최고의 맛이다. 흡족해하는 나를 바라보며 아들은 만족하며 뿌듯한 표정을 짓는다. 그럴 때마다 나는 이렇게 큰 대접을 받고 사는구나 싶다.

꽃을 피우는 시기가 다르듯, 사람마다 살아낸 생도 다르다. 지난 생을 샅샅이 더듬어 보지만 휘황찬란한 순간들은 없었다. 요즘처럼 몸과 마음이 평온함을 누리고 산 적이 있었나 싶다. 여기에 뭘 더 보탤 것인가. 그러니 지금 내게 주어진 이 삶이 어찌 화양연화花樣年華라 아니할 수 있겠는가.

전과 확연하게 달라지는 감정의 변화가 새삼스럽다. 언제부턴가 찬장 속의 잡다하게 뒤섞인 그릇들이 눈에 거슬리기 시작했다. 품위 나는 그릇으로 그럴듯한 밥상 한번 차려보지 못한 것이 후회로 다가온다. 평범한 주부로서 살림살이에 집중하지 못한 아쉬움도 늘 마음에 남는다.

그런 중에 아들이 띄워주는 주방 특별전이 내 눈과 귀를 솔깃하게 만든다. 아무래도 주말에는 살림꾼을 따라 백화점에 한번 들러봐야겠다.

마음에 심은 나무

　　수필과비평사는 일 년에 두 번씩 전국 문학 세미나를 개최한다. 대체로 부산을 벗어나 보지 못한 내가 지역을 돌아가며 하는 행사 덕분에 제법 오랫동안 여러 낯선 곳을 다녀왔다. 지난여름에도 부산 회원들과 버스를 타고 대구 하계세미나에 참석하였다. 도중에 시간 여유가 있어 살아 있는 자연사박물관이라 불리는 우포늪에 잠시 들렀다.

　찌푸렸던 하늘이 구름문을 열어준다. 흐릿했던 풍경이 저마다의 색을 찾아 영롱하다. 늪에는 온통 물기 머금은 초록 물풀들로 뒤덮여 있다. 온갖 생명의 소리를 들으며 모처럼 도시인들은 대자연이 펼쳐내는 우포늪 둘레길을 걸었다.

　한여름의 더위도 잊은 듯, 함께한 문우들은 자연 그대로의 풍경에 취해 각자의 감성을 쏟아내거나 마음에 감동이 이는 문장 한 줄 담기에 분주하다. 또는 정겨운 사람들과의 한때 모습을 기념으로 남기려 서로의 휴대전화 앵글에 담기 바쁘다. 모두가 주거니 받거니 하는 왁자지껄한 대화에 웃음꽃을 활짝 피운다. 그때 발길 앞에 노랑나비 떼가 몰려와 팔랑거린다. 현란한 날갯짓에 모두의 시선이 나비에게로 쏠렸다.

"아니, 웬 노랑나비 떼가…."

"최 선생님, 이번에는 8월의 노랑나비 글이 나오겠어요."

"이러다가 계절마다 노랑나비 작품을 보게 되겠습니다."

문인들과 함께하는 날이면 늘 농담으로 나를 웃게 하는 김 교수님의 말이다. 덩달아 다른 문우들도 최 선생님의 글이 생각난다고 말을 거든다. 늦가을 노랗게 물이 든 은행잎 그림을 노랑나비로 은유해서 등단하고, 이후 첫 수필집 《11월의 노랑나비》를 출간했다. 그런 이유로 나에게 노랑나비는 특별하다. 떨어져 세찬 바람에 휘둘러가는 노란 은행잎을 나비로 묘사했는데, 실제로 노랑나비 떼를 만날 줄이야. 우포늪 짙은 초록에 대비된 고운 노란색이 더욱더 선명하다. 하지만 즐거워하는 문우들과 달리 나는 나비 앞에서 뭉그적거리며 한 발을 뗄 수가 없었다. 무연히 나비 떼만 바라보고 있었다.

우포늪은 예전에 가족과 종종 스케치하러 온 곳이니 그리 낯설지 않다. 무성한 나무숲과, 융단을 깔아 놓은 듯 늪을 덮고 있는 초록 물풀이 그때와 별반 다르지 않다. 몸이 늙은 만큼 미처 늙지 못하는 기억이 간혹 문제를 불러올 때가 있다. 추억이 있는 곳이기는 하지만 문우들과 어울려 즐거웠는데, 하필이면 노랑나비 떼를 만나 다시는 되돌릴 수 없는 애잔한 기억에 젖는다.

마음에 심은 나무_수필소묘_2024

언제나 슬프게 만들었던 노란색이 나를 변화시키는 계기가 되었던 것도 바로 지난해 전주 동계세미나를 마치고 돌아오는 길에서다. 만해 한용운 선생이 시를 쓰고 소설가 김동리 선생님이 '등신불'을 집필했다는, 적멸보궁이 있는 사천 천년고찰 '다솔사'에 들렀다.

고즈넉한 사찰로 들어선다. 사찰에는 한겨울임에도 온통 초록 천지다. 정갈하게 잘 다듬어진 녹차밭 샛길을 걷고 있을 때다. 갑자기 누군가의 감탄사에 모두의 시선이 밭 한가운데로 향했다. 시린 겨울에 무슨 노란 꽃인지, 혹시나 가을에 미처 털어내지 못한 단풍잎인지, 황금색을 발하는 나무 한 그루가 서 있었다. 부처님 등불처럼 넓은 녹차밭을 환하게 밝히는 나무가 모두의 눈길을 모은다. 개나리가 꽃 피울 봄은 멀리 있는데, 아직도 한창 시린 겨울인데.

다가가서 마주한 노란색은 꽃이 아니었다. 온통 황금색을 띤 낭창낭창 여린 나뭇가지였다. 난생처음 보는 나무가 마냥 신기해서 이리저리 살펴보았다. 나뭇가지마다 황금색 물감을 칠해놓은 듯하다. 절간 스님은 초록이 일색인 차밭에 등불처럼 환한 노란색을 대비시키려 했을까. 수행하듯 가지마다 노란 물감을 꼼꼼하게 정성 들여 붓질했나 싶었다. 손으로 가지를 휘어 샅샅이 살펴보았지만, 물감을 칠한 것은 아니었다. 나무껍질이 짙은 황금색이었다. 만약 '키스'나 '아델레 블로흐 바우어'를 그렸던 황금빛 색채 화가 구스타프 클림트나, 노란색 '해바라기'와 '까마귀 나는 밀밭'을 그렸던 화가 반 고흐가 보았다면 틀림없이 짙으면서 밝고, 특이하고 오묘한 황금색 나무에 끌렸을 테다. 그리고 그림 몇 점을 그렸지 싶다.

늦가을 은행잎이 노랗게 물이 들 때면 차마 나무를 바라보지 못했다.

하지만 황금빛 나무를 마주하는 동안 알 수 없는 기운이 내 마음속에 꽉 들어찼다. 처음 본 나무에 미혹되니 기분이 가뿐하고 저절로 웃음이 났다. 그때 나는 미소 띤 얼굴로 나무를 마주하고 서 있었다.

이런 나무가 있나 싶어 검색하니 황금회화나무였다. 옛 선조들은 부귀나 벼슬나무의 상징으로 여겨 집이나 주위에 심었다고 한다. 또는 귀신을 쫓는 나무라고도 했다. 나도 황금회화나무 한 그루 심어보고 싶었다. 하지만 아파트에 살고 있는 내 처지로 보면 나무 한 그루 심을 땅 한 평 없지 않은가. 그렇다면 텅 비어 허허로운 내 마음 모퉁이에 한 그루 심어야겠다. 무슨 부귀영화 같은 건 애시 당초 바랄 것도 없다. 다만 지워내도 지워낼 수 없었던 마음에 새겨진 노랑나비 떼를 황금회화나무가 귀신처럼 싹 지워줄 것만 같다.

마음이 밝으면 세상이 밝고, 마음이 어두우면 세상도 어두워지는 법이라 말들 한다. 진한 황금빛처럼 마음이 밝아지면 습하고 어둑했던 내 글도 조금은 경쾌하고 맑고 환한 글 길로 접어들지 않으려나.

다시 한 해의 시작이다. 안동에서 개최한다는 동계세미나 소식을 알려온다. 이번 세미나에서는 무엇이, 또 어떤 것들이 다가와 나를 변화시켜줄까. 찬란한 황금빛 회화나무가 내 어둑했던 마음을 환하게 밝혀 주었듯이.

여인, 노을을 읽다

해질 녘 다대포는 노을의 바다가 된다. 하루를 달려온 불덩이가 된 석양이 선홍빛 선혈을 한껏 뿜어댄다. 핏빛으로 물든 노을의 바다는 찬연하고 황홀한 비경이 된다. 이곳 노을은 계절마다 다른 풍경을 보여 준다고 한다. 그 진경을 찾아 나선다.

해가 서쪽 하늘을 물들이기에는 아직 이른 시간이다. 몰운대 노을정으로 향하던 발길을 멈추고 데크에 기대어 다대포 백사장을 바라본다. 모래밭을 휘둘러 싼 울창한 초록 해송과, 파란 하늘빛을 닮은 바다와, 하얀 모래사장이 어우러진 풍경이 광대하다.

백사장 한가운데 하얀 조각상에 시선이 멈추었다. 세상의 겉치레를 훌훌 벗어버린 몸으로 모래밭에 홀로 서서 묵언수행 중이다. 해수욕장에 조각상이라니. 조각 작품 하나에 다대포의 이미지가 새롭게 다가온다. 그런

sunrise_27.3×45.5_oil on canvas_2024

데 온전한 인간의 모습이 아니다. 반쪽 모형이다.

조각가는 사람의 인체를 왜 반쪽으로 표현했을까. 작가의 예술세계가 궁금했다. 아직 일몰의 시각도 한참 멀었으니, 데크에서 내려와 백사장에 서 있는 조각상에 다가갔다. 나처럼 궁금했던 사람도 많았나 보다. 주위 모래밭에는 다녀간 사람들의 발자국이 어지럽다. 막상 곁에서 보니 데크에서 분명하게 보았던 반쪽은 아니었다. 각도를 달리할 때마다 인체의 형상이 변한다. 신기하다고 여기며 키 큰 조각상을 올려다보고 둘러보고 조금 떨어져서 바라본다. 모진 해풍을 견뎌내며 폭우와 태풍에도 한결같은 자세로 서 있다. 처하는 현실에 따라 달라지는 것이 인간이거늘, 하얀 거인은 묵묵히 서서 소란스러운 세상사에 흔들림이 없다. 작품은 인체 내면을 형상화한 조각가 김영원의 '그림자의 그림자(홀로서기)'였다.

작가는 마음이 집중하면 몸의 움직임이 생기고 손이 지나간 자리에는 흔적이 남는다고 한다. 그 흔적이 이곳 조각 작품이란다. 아예 얼굴 형태를 지운 조각상은 면마다 별개의 이미지로 표현되었다. 한 면은 바다 멀리 그리운 이를 기다리는 듯, 다른 한 면은 두 사람이 다정하게 서 있는 것처럼 실루엣이 느껴지며, 또 한 면은 공간 속으로 반쪽이 사라지기도 나타나기도 하는 착시 현상까지 치밀하다. 내가 데크에서 바라보았던 반쪽의 이유였다. 면과 선이 화두처럼 던져주는 의미가 무엇일까.

이렇게 다른 면들이 뭉쳐서 하나의 개념 속으로 녹였기에 보는 내내 오묘하고 경이롭다. 르네상스 시대의 조각가 미켈란젤로가 대리석으로 남성의 근육과 핏줄까지 정교하고 섬세하게 사실적인 조각을 했다면, 김영원의 그림자 조각상은, 형태를 지운 선과 면마다 별개의 이미지로 보인다. 추상적인 작품이 독특하다. 이런 예술가가 대한민국 작가라니 감동이 크다.

족히 8미터 높이의 큰 키를 올려다본다. 너무 큰 키에 남자 조각상이라 생각했지만, 자세히 살펴보니 곡선이 아름다운 여자 조각상이다. 달라지는 면을 살펴보려 몇 번을 돌고 또 돌았다. 어떤 색깔도 발하지 않는 백색으로 서로의 그림자로 공존하는 선의 세계를 구축하고 있다. 역시 예술가는 무엇보다 독창성으로 유일해야 한다는 것을 느끼게 된다.

몸에 난 상처가 아무는 시간이 필요하듯, 이별의 아픔도 그렇다. 내 마음인데도 스스로 어쩌지 못한다. 벌거벗은 몸으로 서 있는 조각상처럼, 온몸에 번져 있는 슬픔의 그림자를 하얗게 지워버리고 싶다. 파도는 예전에 발자국을 이미 지워버렸는데. 끝없이 밀려오는 삶의 파도는 얼마나 넘어서야 잔잔하고 고요한 마음으로 살아질까. 먼 바닷길을 달려온 바람에 씻고 또 씻긴다면 저토록 눈이 부시도록 하얀 그림자로 서 있으려나. 얼마나 털어내고 닦아야만 백색 인간으로 거듭날까.

조각상이 서 있는 하늘에는 가끔 비행기가 뜨고 내리는 김해공항의 관문이다. 넓은 다대포 앞바다에는 컨테이너를 가득 실은 화물선이 떠 있다. 하얀 조각상은 백사장에 서서 하늘길을 살피고 먼 바다 뱃길을 지키는 듯하다. 아니면 멀리 떠난 누군가를 하염없이 기다리는 것처럼 외롭고 쓸쓸하게 보인다.

조각상의 시선이 향하는 곳, 가덕도 끝자락 하얀 등대 앞 바다는 내 고향 거제도로 가는 뱃길이다. 여객선을 타고 가덕도를 지날 때다. 뱃전에서 올려다보면 벼랑 위에 멋진 풍광으로 아슬아슬하게 서 있다. 가덕도 등대는 아직도 칠흑 같은 밤바다에 불빛을 쏘아 항해하는 뱃길을 안내하고 선원들의 안전을 지키는 임무에 충실하다.

　등대 앞 바다는 태평양에서 거세게 밀려오는 파도와, 먼 길 돌아 흘러온 낙동강 물이 부딪치는 몸싸움이 치열했다. 바다는 미친 듯 집채 같은 파도를 길길이 세우고 다시 깊은 바닷속으로 가라앉는 듯했다. 속을 뒤집어 올리는 멀미로 고향 가는 뱃길은 험난하고 지난했다. 이제는 웅장하게 세워진 거가대교를 달려 편안하게 다녀오는 고향길이다. 흔들리는 뱃전에서 배 속을 비워낼 일도, 벼랑 위에 서 있는 하얀 등대도 올려다볼 수도 없다. 오랜 세월 잊어버려야 할 일들과, 지워버리고 싶은 사연들이 더러 있다. 하지만 영원히 잊을 수도 지울 수 없는 것이 고향 가는 뱃길이다. 가끔은 희미해진 추억들을 떠올려 헤집고 뒤적거려본다.

　해가 서서히 하루를 불태운다. 일몰의 시각이다. 낙조 전망대에 선다. 화가 뭉크는 마지막 노을을 발하는 해를 보며 죽음과 지옥을 느꼈을 테다. 더구나 가족의 죽음을 보았던 병약했던 그가 그렸던 '절규'는 석양을 피로 그렸다고 했을 정도로 붉은 핏빛이었다. 활활 몸을 태워 붉은빛을 발하고 지는 해처럼, 그게 바로 사람의 생인 것을. 알면서도 영원할 것처럼 억척을 떨며 삶을 살아낸다.

　먼 길 달려온 태양이 혈액을 펌프질해대듯 게워 낸 선혈이 낭자하다. 하늘과 바다는 처연하게 핏빛으로 물든다. 전망대에서 바라보니 그림자 여인도 붉은 노을을 입는다. 순간 화려하고 환상적인 여인으로 변신한다.

　대자연이 오직 나를 위한 고운 색감을 띄워 위로해 주는 듯하다. 찬란하고 강렬한 빛을 발하는 이 순간을 기억하려 눈에 담고 가슴에 담는다.

남은 생에 행여 꽃불 피워 환한 미소 지을 그런 날은 몇 날이나 될까. 황혼이 지독하게 아름다운 것은 살아 낸 삶도 모질게 살았다는 의미일 테다. 붉은빛을 발하고 지는 해처럼, 피우자마자 시들어 떨어지는 꽃잎처럼, 그게 바로 사람의 생인 것을.

　붉은 해는 넘어가고 노을도 사라진다. 모래밭 그림자 여인도 가만히 붉은 옷을 벗는다. 다대포 풍경 위로 어둠이 내린다. 가덕도 등댓불이 바다 먼 곳으로 금빛 섬광을 쏘아댄다.

울음이 배어 있는 집

어릴 적 살았던 집. 은밀한 내 기억 속에 눈부시게 빛났던 집. 그 집이 마른 넝쿨에 뒤덮여 형체마저 불분명하다. 험해지고 낡아가는 빈집에는 오는 봄도 발길을 돌려버릴 것 같다.

주인이 바뀌었다는 소식을 설핏 듣긴 했다. 조선업이 호황을 누리던 시절에는 경제가 상승세를 타고 활력이 넘쳤다. 월급날이면 골목의 멍멍이도 파란 지폐를 물고 다닌다는 우스갯소리도 돌았다. 덩달아 부동산이 치솟는 바람을 타고 누군가가 투자 목적으로 사두었으니 살 주인을 찾기란 쉽지 않았다. 결국 방치되어 빈집으로 남겨졌다.

엄마 산소를 둘러보고 오자는 오빠의 전화를 받았다. 그동안 찾아보지 못한 산소와 고향에서 펼쳐내는 봄 풍경을 보고 싶었다. 실은 오랫동안 비어 있다는 옛집의 형태가 더 궁금했다.

어머니의 밭_수필 소묘_2022

세월과 싸워서 이길 수 있는 게 어디 있을까. 외롭고 쓸쓸한 독거노인처럼 집 역시 다르지 않았다. 태어나고 자랐던 포근했던 집이건만 티브이 드라마에서 나올 만큼 오싹하고 을씨년스럽기만 하다. 풍화가 되어가는 집에 차마 들어설 엄두가 나질 않는다. 다행히 내가 간다는 소식을 듣고 한달음에 달려온 옛 친구가 머뭇거리는 나를 위해 잡풀밭이 되어버린 마당을 헤쳐 가며 길을 터 준다. 용기를 내어 친구를 따라 아무도 찾지 않는 집안으로 들어선다. 구둣발에 밟힌 기진한 마른풀이 바스러지는 소리만이 고요함을 깨운다.

담쟁이덩굴과 인동초 환삼덩굴과 하늘수박까지 합세하였을까. 낡은 문틀과 서까래를 타고 지붕으로 기어오른 줄기가 실타래처럼 엉켰다. 기둥에서 떨어진 부엌 문짝이 간신이 벽을 의지하고 섰다. 커튼처럼 가려진 넝쿨을 비집고 깨어진 창문으로 방안을 들여다본다. 엄마가 걸레질로 반질반질 광택이 났던 벚나무 마루는 철거되고 안방이 길게 확장되었다. 낡아진 비닐 장판에는 쌓여 있던 먼지가 들이친 빗물에 밀려 군데군데 검은 얼룩이 졌다. 찢어져 너덜너덜한 벽지는 간간이 불어오는 잔바람에 몸을 흔든다. 울룩불룩 처진 천장에는 온통 그물망을 친 거미들이 집성촌을 이루었다. 침침한 방구석이 음산하게 느껴져 몇 발짝 뒷걸음친다.

저 방에서 언니와 남동생과 웃고 울고 토닥거렸는데. 끼니때마다 입안을 채워주던 엄마의 손맛도 남아 있는데. 한겨울 밤도 솜이불 하나와 엄마의 온기가 있어 따뜻했었는데. 아랫목은 어린 자식들을 나란히 눕게 하고 냉기가 도는 윗목은 엄마가 누웠다.

고된 일상으로 쉬 잠들지 못했던 엄마는 밤마다 소설책을 소리 내어 읽었다. 엄마의 책 읽는 소리에 귀를 쫑긋 세울 때면 친척 할머니가 '엄마 치맛자락을 꼭 붙들고 자거라'며 불안하게 만들었던 말도 까마득히 잊어버린다. 어느새 스르르 잠이 찾아오면 엄마는 병아리를 품 안으로 끌어안듯 어린 자식들을 품었다. 따뜻했던 그 품이 있어 아버지의 빈자리도 모르고 자랐다.

　엄마는 해가 저물도록 가가호호 일손을 구하기 위해 구걸하듯 다녔다. 농번기에는 어느 집이든 일손 얻기란 쉽지 않다. 논밭을 갈아야 하는 장골 손을 구하지 못하는 날 밤 엄마는 애가 타는 서러운 울음을 울었다. 돌아누워 우는 등을 넘어 엄마의 눈물을 닦아주는 것은 언제나 어린 남동생이었다.

　봄바람이 불어온다. 떨어지고 깨어지고 부러진 폐가에서 주춤거리며 서 있는 나와 달리 바람은 낡아가는 것들의 울음을 담고 있다. 부지런한 엄마의 발길로 다져졌던 마당이다. 저곳에서 젊은 남편을 꽃상여에 태워 북망산천으로 보냈다. 오월이면 보리를 타작했고 가을이면 벼 알곡을 탈곡하여 덕석에 말렸다. 깨와 수수 조를 털었고 고구마를 캐어와 탑처럼 쌓았다. 엄마의 고단함이 서려 있는 마당에도 해마다 지란 잡풀이 겹겹으로 층을 이루었다. 젊디젊은 여자가 치열하고 처절하게 살아낸 고단함이 마른풀에 뒤덮여 있다.

　아버지가 천년만년 살 것처럼 잘 지은 집이었다. 꽃밭에는 계절마다 꽃을 피웠다. 여러 종류의 과실나무는 실한 열매를 풍성하게 달아주었고, 몸에 이롭다는 오가피 가죽나무 치자나무와 대추나무까지 자랐다. 봄가을 누에를 쳐 살림에 큰 보탬이 되어 주었던 몇 그루의 노거수 뽕나무는 무성한 초록 잎과 달콤한 오디를 달아주었다. 큰 어장의 선주로 풍족한 삶을 누리게 해줬던 그때만큼은 엄마의 행복도 충만했을 테다. 남편의 능력도 사랑도 바람처럼 스치고 지나갔다. 잠깐 꾸었던 꿈처럼.

엉클어진 숲속을 헤매다 간신히 빠져나오듯 옛집에서 나왔다. 언제 몰래 달라붙었을까. 고슴도치 털처럼 생긴 뾰족한 바늘이 카디건 자락에 촘촘하게 붙어있다. 구부리고 도깨비바늘을 하나하나 뽑았다. 모양새 나게 챙겨 입은 옷이 보풀이 일어 너절하다. 행여 집안을 둘러보는 나를 반겨주는 엄마의 표현이었을까. 늦게 찾아온 것을 꾸짖는 따끔한 일침이었을까.

옷자락을 무는 것만으로 끝나지 않는다. 옷을 물었던 네 가닥 가시가 떼어내는 내 손가락과 발목을 다시 찌른다. 모처럼 찾아온 옛집에서 들춰본 아픔들이 날 선 가시가 되었다. 찔린 여기저기가 따끔거린다. 엄마처럼 울고 살지 않으리라 다짐했는데…. 집을 떠날 때 엄마는 냉정했다. 힘들고 지긋지긋했던 많은 논밭과 산, 멋진 집도, 텃밭 한 평도 미련을 두지 않았다.

우두커니 넝쿨에 덮인 집을 바라보고 섰다. 아등바등 살았던 엄마의 시간이 고스란히 묻혀 있는 옛집이 낡아지고 허물어져 간다. 생솔가지로 군불을 때면 굴뚝에서 뿜어내는 저녁연기처럼 어릴 적 엄마와 함께했던 추억이 모락모락 피어오른다.

어린 나이에도 일찍 철이 들었다. 엄마를 웃게 할 수 있는 모든 것에 최선을 다했다. 공부는 물론이고 노래와 무용이며 달리기도 잘해서 상장을 받았다. 그럴 때면 엄마가 환하게 웃었다. 학교에서 돌아오면 엄마가 있어 좋았고, 엄마가 전부였는데.

  생을 다해가는 집이 가쁜 호흡을 내쉰다. 엄마의 울음이 배어 있는 집. 도깨비바늘이 살고 있는 집. 이제는 바람의 집이 되어버렸다. 건초 같은 가슴으로 살아야 했던 엄마의 한 맺힌 울음소리에 마른풀이 풀썩인다.

하얀 그림, 하얀 그리움

　큰아버지가 어린 토끼 두 마리를 안겨주었다. 털이 복슬복슬한 조그마한 솜덩이 같았다. 하얀 털 뭉치에 박혀 있는 빨간 두 눈이 루비처럼 예뻤다.

　나는 하얀색을 좋아한다. 하얀 눈이 좋고, 몽실몽실 피어오르는 하얀 구름이, 그리고 정갈한 흰빛 옷을 좋아한다. 하얀색처럼 내 삶도 맑고 깨끗하기만을 원했지만, 원하는 대로 살아낼 수 없는 것이 세상살이다. 살다 보면 진흙탕에 빠져 허우적거릴 때가 어디 한두 번이었던가. 그래도 맑았던 어린 시절만은 백색 도화지에 그려놓았던 그림처럼 아련하다.

　토끼를 돌보는 일이 온전히 내 몫이었다. 무청이나 배춧잎, 고구마잎, 씀바귀, 칡잎, 아카시아잎 등은 토끼가 가장 좋아하고 맛있게 먹는다. 아침 등교 전에 먹이를 챙겨주고, 다녀오면 큰 바구니를 들고 다시 먹이를 찾아 들을 헤매고 다녔다. 우리를 청소하고, 마른 짚을 깔아주는 것도 내가 해야 할 일이었다. 토끼를 돌보는 일이 어린 내가 감당하기에는 힘에 부치고 버겁기도 하련만, 돌출된 두 개의 앞니로 아작아작 먹어대는 귀엽고 예쁜 모습에 힘든 줄을 몰랐다. 오죽하면 사람들이 어린 아기를 보며 '토끼 같은 자식'이라 비유했을까. 마냥 사랑스럽고 예쁘기만 했다.

토끼는 다산의 상징처럼 번식력이 대단했다. 요즘 우리나라가 저출산으로 심각해진 인구 정책과 반비례가 되는 토끼의 출산이다. 옛날 가난했던 시절에도 건넛집이나 옆집, 윗집과 아랫집에는 보통 여섯 여덟 명, 심지어 열두 명의 자녀들을 낳았다. 우리 엄마도 아버지가 일찍 돌아가시지 않았다면 아마도 형제들 몇 명은 더 보태었지 싶다.

개체수가 늘어나니 요즘 짓는 아파트 높이처럼 토끼집도 층을 높여야 했다. 집을 짓는 목재라야 자투리 나무판자를 주워 와 엄마의 어설픈 못질로 덧붙였으니 엉성하기 그지없었다. 그 틈새로 종종 작은 토끼가 추락했다.

엄마는 떨어져 죽은 토끼를 잘 손질했다. 손질한 토끼는 약병아리보다 작았으니 크기는 말할 것도 없다. 텃밭에서 실히게 기운 웽마늘을 토끼 몸체보다 몇 배의 양을 넣어 가마솥에 푹 고았다. 순전히 마늘을 고은 셈이다. 그것은 언제나 병치레가 잦은 내 몫이었다. 먹을 때마다 쫀득한 고기 맛은 전혀 없고 진한 마늘 맛이 전부여서 어린 내가 먹기에는 역하고 거슬렸다. 억지로 먹어야 했던 고통은 질식할 정도였다.

토실토실한 암탉에 생삼을 넣어 푹 끓이기도 했다. 뽀얀 국물에 노란 기름이 동동 뜨는 구수한 닭곰은 방학이면 객지에서 집으로 오는 장남인

오빠 몫이었다. 남편이 짧은 생을 마쳤으니, 아들의 긴 수명을 바랐던 엄마의 간절함이었다. 엄마는 먹음직한 닭다리를 바라보는 어린 자식들에게는 살 한 점 허락하지 않았다. 그래도 언니는 장녀라고 살집 많은 묵직한 토끼를 잡아 산삼보다 약성이 좋다는 담장 밑에 족히 몇십 년 묵은 더덕을 캐어 넣었다. 생각해 보면 엄마의 자식 차별은 이뿐만 아니었다.

어린 생각으로도 나는 분명히 엄마에게 차별받는 딸이었다. 더구나 순자네 아저씨는 볼 때마다 영도다리 밑에서 주워 온 아이라고 놀리며 나를 울렸다. 그래도 동네 또래 중에 똘똘하기로 인정을 받은 내가 아닌가. 차별할 거면 왜 주워 왔느냐고 마늘 맛 토끼고기는 싫다고 엄마에게 조목조목 야무지게 따지다가 등짝만 세게 맞았다. 마늘이 얼마나 사람 몸에 이로운데, 어디서 얻어들은 마늘 효능만 잔뜩 강조하였다.

엄마도 여린 여자다. 젊은 여자가 토끼 손질하기가 쉽기만 했을까. 자식 건강을 위한 일이라면 가리는 일이 없었고 늘 씩씩해야 했다. 등짝을 얻어맞고 귀에 익은 엄마의 굿은 팔자타령 레퍼토리를 들은 후에야 훌쩍이며 꾸역꾸역 토끼 국을 먹었다. 지금 적잖은 나이에 이만큼 건강을 유지하는 비결은 아마도 그때 엄마가 우겼던 마늘 곰 효능 덕분이지 싶다.

나는 하얀 토끼가 순하고 착한 동물로만 여겼다. 짖지도 않고, 거칠게 싸우지도 않는다. 주는 대로 잘 먹고 잘 놀고 조용하다. 하얀 털이 깨끗해서 더 순하게 보였는지도 모른다.

며칠 동안 토끼가 제 몸에 털을 뽑아 입에 물고 다니더니 지푸라기와 섞어 새끼집을 지었다. 그 속에 엄지손가락만 한 핑크빛 여섯 마리 새끼를 낳았다. 새끼를 낳았으니 더 맛있는 먹이를 구해 와 어미 토끼를 알뜰

하게 챙겨주었다. 먹이를 줄 때마다 꼬물거리는 새끼들을 확인해 보곤 했다. 그런데 자고 나면 새끼가 한 마리씩 사라졌다. 혹시나 쥐가 물고 갔을까, 아니면 족제비가 의심되었다. 그러나 제일 심증이 가는 녀석은 고양이였다. 쥐를 잡아 오는 것은 물론이고 심지어 논둑에서 개구리까지 물고 왔으니 당연히 의심할 수밖에. 괘씸했다. 빗자루를 들고 고양이를 쫓아다녔다.

다음날 아침이다. 토끼 먹이를 주려다가 기절초풍했다. 어미 토끼가 제 새끼 머리는 이미 다 먹어 치우고 남은 불그스레한 몸통을 입에 물고 있었다. 이럴 수가. 어질고 순하고 착하게만 여겼던 토끼가 제 새끼를 잡아먹다니. 짐승도 제 새끼는 예뻐한다는 말이 있는데, 아니었다. 하얀 털에 가려진 토끼의 잔인성을 보았다. 다시 보니 루비처럼 예쁘게만 보였던 빨간 눈이 살기로 섬뜩했다.

그러고 보니 애먼 죄 없는 고양이를 얼마나 구박하고 모질게 굴었던가. 말을 할 수 없으니 누명 쓴 고양이는 또 얼마나 억울하고 분했을꼬. 구실을 만든 과실이 컸다. 이래서 도둑은 죄가 없다고 말하게 되나 보다.

야랄함을 목격한 그 순간부터 토끼에게 오만 정이 다 떨어져 버렸다. 이후로 지금까지 토끼를 보면 살갑지도 그리 예쁘지도 않아서 슬쩍 눈을 피한다. 그래도 하얀 애완견에 빠져 오랫동안 길렀으니, 하얀색만은 변함없이 좋아한다.

이제는 무심한 시간 속에 떠올려보는, 하얀 스케치북에 그려놓은 한 장의 그림 같은 하얀 그리움이 되었다.

도다리를 추억하다

올락말락 망설이고 있는 건지. 아직도 바람 끝에는 시린 겨울이 묻어 있다. 목을 빼고 봄을 기다리는 이유는 봄바람 때문만은 아니다. 화사하게 피어나는 곱디고운 꽃도 아니다. 단지 내 입맛을 다시게 하는 봄 도다리다.

도다리는 쑥국이나 찜, 구이도 물론 좋아하지만 뭐니 뭐니 해도 뼈째 썰어 먹는 세꼬시가 제격이다. 내 입맛으로 치자면 세상 어떤 음식도 도다리 세꼬시 맛에 비할까 싶다. 이제는 자연산 도다리를 맛보기는 어려운 시대가 되었다. 어부들이 잡는다 해도 도다리는 도시 사람들의 입에까지 오기는 힘든 귀하디귀한 생선이 되었다. 그런 아쉬움이 있어서 그런지 사람들은 유난히 봄 도다리라 말들 하게 되나 싶다.

봄이 되면 도다리는 살이 통통하게 오른다. 지방 함량이 높아져 맛이

실하다. 이때의 특별해진 도다리 맛을 아는 사람들이 봄을 기다리는 이유가 되겠다. 어릴 적부터 먹어서 맛을 아는 나 역시 자연산 타령을 하게 된다. 그럴 때면 양식 도다리도 자연산 못지않게 맛도 질도 떨어지지 않는다는 아들의 열변을 듣는다. 유난히 도다리회가 먹고 싶어지는 날이 있다. 그럴 때면 작은 뱃전에 부딪히는 거친 파도가 일어도 주저하거나 망설임도, 매서운 추위도 마다하지 않고 견뎌내며 노를 저어 바다로 나가던 친구 태연이 아버지가 떠오른다.

태연이 아버지는 바다에서 고기를 잡는 어부로, 가축을 키우고 농사를 지으며 부지런히 일하고 근검절약하여 농지를 넓혀 갔다. 소금처럼 짜기로 소문났던 분이었다. 심지어 자식들이 다른 집에서 밤을 보낼라치면 비싼 밥 먹고 남의 집에 거름을 보태줬다고 집에서 쫓아내기까지 했다. 살만했지만 공부를 잘했던 장남을 중학교에 보내지 않았다. 학교 선생님도 마을 어른들의 권유도 깡그리 무시하고 귓전으로 흘려버렸다. 기어코 어린 아들을 배에 태워 그물을 당기는 어부를 만들었다.

입춘이 지났지만 시린 바람이 채 가시지 않은 이맘때 즘이었지 싶다. 마침 부모가 외출 중인 수연이 집에 친구 다섯 명이 어울려 잠을 자기로 했던 밤이다. 어른이 없는 집에서 모처럼 함께하는 밤이 즐거웠다. 재미있게 웃고 떠들다 보니 출출해졌다.

그날도 태연이 아버지는 세찬 추위에도 아들을 데리고 바다에 나가는 일을 거르지 않았다. 차가운 바닷물에 손이 시려도 괘념치 않았다. 갯바람에 시린 몸을 떨어가며 잡은 생선이다. 상품이 되는 생선은 선별하여 배 안 물 칸에 살려두고, 가치가 떨어지는 잡어들은 집으로 가져간 것이다. 마침 그 집 딸인 태연이도 함께 놀았던 밤이었다. 마음이 내키지 않아 하는 그 친구를 꼬드겼다. 자기 집인지라 생선을 보관해둔 위치를 잘 아는 태연이는 우리들의 등살에 떠밀려 어쩔 수 없이 앞장을 서게 되었다.

낮에 힘들게 일한 탓인지 부모님은 깊은 잠에 빠져든 모양이었다. 도둑고양이처럼 살그머니 부엌문을 열었다. 늘 무섭기만 했던 태연이 아버지가 깨어날 것만 같았다. 꽁무니를 겨우 따라나서긴 했지만, 소심했던 나는 다리가 후들거리고 가슴이 두근거리며 요동쳤다. 친구는 부뚜막 나무통에 담겨 있는 생선을 가져간 소쿠리에 옮겨 담았다. 생선을 훔쳐 논둑길을 돌아오는데 뒤에서 나만 잡아챌 것 같았다. 들킬까 봐 조바심 내며 서둘러 담아온 생선은 새끼 도다리였다.

동네에서 아버지가 없는 나만 빼면 대개는 어부의 자식들이다. 어른들이 하는 생선 손질을 늘 보아왔던 터라 어려운 것도 없었다. 아직 어렸지만 제법 능숙하게 생선을 손질했다. 먼저 비늘을 치고, 어두와 지느러미는 잘라내고, 내장을 빼고 잘 손질된 생선은 깨끗하게 씻어 도마에 올려 뼈째로 어슷어슷 썰었다. 도다리회는 새콤하고 달짝지근한 붉은 초장보다 장독에서 막 퍼온 구수한 생된장이 제격이다. 그날 된장에 쿡쿡 찍어 먹었던 쫄깃하고 오돌오돌하게 씹혔던 싱싱한 도다리회는 바다 향까지 풍겼다. 친구들과 작당한 성공적인 결과여서인지 더 맛이 좋았다.

문제는 다음 날 아침 우물가에서다. 친구 엄마는 동네에서도 욕쟁이로 알려져 있다. 아침에 반찬거리 장만을 위해 보관했던 통을 들여다보니 물고기가 사라진 것을 알게 되었다. 남편이 추운 날씨에도 어린 아들과 시린 손을 호호 불며 잡아 온 생선이 아닌가. 감쪽같이 털어갔으니 울화가

송악산 둘레길_45.5x33.4cm_Oil on Canvas_2022

치민 것이다.

시작은 빌어먹을 도둑 연놈들이었다. 아침부터 온갖 욕설이 온 마을에 퍼져나갔다. 당연히 동네 처녀와 총각들이 표적이 되었다. 이제 초등학교 5학년 어린것들의 앙큼한 소행이라고 누가 짐작이나 했을까. 더구나 자기 딸이 범행의 가담자라는 사실을 알 리가 없다. 온 동네를 쩡쩡 울리는 욕바가지 소리에 저지른 죄가 있으니 오금이 저렸다. 말 잘 듣는 착한 딸이 남의 집 생선을 훔쳤다는 사실을 알게 되면 우리 엄마는 틀림없이 노발대발하며 부지깽이를 들었을 것이고, 나는 집에서 쫓겨날 것은 뻔했다. 등쌀에 떠밀러 앞장서서 자기 집 생선을 털었던 태연이는 또 얼마나 안절부절 떨었을까. 그 시절이 그랬듯이 우물가에서 잠깐의 소란일 뿐이었다. 더 이상 범인 색출도 조사도 없었다. 비밀로 간직하고 떠나왔던 고향에서의 추억이다.

남자 일손이 없는 우리 집에 힘든 일은 도맡아 거들어 주었고, 잡아 온 생선을 아낌없이 나누어줬던 태연이 아버지였다. 어린 한때 오지게 욕을 들었던 추억이 있기에 특별하게 느껴지는 도다리 맛인지도 모르겠다.

도다리 계절이 왔다. 봄기운이 살짝 느껴지는 주말, 이미 세꼬시로 주문한 도다리 회는 곧 배달될 것이다. 드디어 나의 추억, 나의 그리움인 봄 도다리 세꼬시를 먹게 된다. 입안 한가득 채우고 고향 바다 도다리 맛이라고 우겨 볼 참이다.

겨울, 비파가 익어간다

싱그러운 초록 잎을 보면 사족을 못 쓴다. 거실 앞 베란다에는 반려 식물이 많다. 나무들을 바라보면 어느 짙은 푸른 숲에 서 있는 듯한 착각에 빠질 때도 있다. 요즘 얄궂은 환경 탓으로 집에 머무르는 시간이 많아졌다. 화분에서 자라는 작은 나무지만 푸른 잎을 보는 것만으로 생기를 얻고 기운을 차리게 된다.

 제법 짙고 큰 잎을 달고 있는 비파나무 앞에 섰다. 오래전 친구가 건네준 비파를 먹고 뱉은 씨앗을 무심하게 화분에 던져놓았다. 그랬던 씨가 발아되어 십수 년을 자랐다. 그 비파나무가 삼 년째 꽃을 피운다. 그러나 출산할 수 없는 석녀처럼 꽃은 피우지만 열매를 달지는 못한다. 화분에서 자라는 탓으로 열매까지는 여력이 되지 못하나 보다. 더는 욕심부리지 않는다. 초록 잎을 볼 수 있으니 그것으로 족하다.

베란다에서 나무가 자라기란 쉽지 않다. 청량한 자연을 누려보지도 못한다. 내리는 비에 단 한 번 흠뻑 젖어 본 적도 없었다. 긴 세월을 보내는 동안 나는 간혹 분갈이나 해주고 한 번씩 물로 추겨주었을 뿐이다. 그래도 모질게 오늘까지 생명을 유지하며 나와 같이해 준 애완식물들이다.

나는 어떤 나무보다 비파나무에 관심이 간다. 옛날에는 귀했던 나무가 요즘은 관상수나 정원수로 심어져 흔하게 보게 된다. 특히 비파는 약용작물로 뿌리, 꽃, 잎, 씨, 어느 것 하나도 버릴 게 없어 농가 소득으로 재배를 하는 농장이 늘어간다고 한다. 비파나무가 있는 집에는 환자가 없다는 옛말도 있다지만 나는 그런 높은 약성 따위는 따지고 싶지 않다. 내가 유독 반가운 것은 어릴 적 우리 집 비파나무가 남겨준 추억 때문이다.

고향 집에는 다른 집에 없는 과실나무가 많았다. 아버지는 일찍 떠날 것을 짐작했는지 아니면 생각이 앞선 것인지 모르겠지만 과실수를 심어 녹지를 만들었다. 집을 둘러싸고 커다란 유자나무, 비파, 여러 종류 감나무, 울타리에 줄기를 뻗어가는 청포도, 바라만 봐도 입안에 침이 고이는 살구나무, 석류와 배나무, 박달나무, 대추나무, 심지어 유난히 굵직한 검은 오디가 열리는 뽕나무까지 있었다. 계절에 맞춰 따 먹을 수 있는 맛있는 열매는 아버지가 외출했다 사다 주는 선물 같은 것으로 여겼는지 모르겠다. 아버지가 있는 친구들이 먹을 수 없는 과일 맛이 아버지가 곁에 없다는 서러움까지 지워주었지 싶다.

양지바른 돌담에 기대선 두 그루 나무였다. 유일하게 우리 집에만 있었던 비파나무다. 겨울 칼바람에도 하얀 꽃을 풍성하게 피웠다. 꽃이 귀한 철이라 벌떼들이 서로 꽃을 차지하려 윙윙거리며 다툼 소리도 치열했다.

솜털이 뽀송뽀송한 작은 열매를 달고 시린 겨울을 견뎌내었다.

보리가 누렇게 익는 오월이면 초록 잎사귀 사이로 노란 열매가 익어간다. 마치 황금빛 열매를 단 나무가 큰 왕관처럼 보인다. 비파는 송이도 유난히 풍성하고 씨알도 굵었다. 길을 지나는 사람들의 눈길을 끌며 달짝지근한 입맛도 다시게 했을 것이다. 당연히 처녀와 총각들의 눈도장이 찍혀 밤의 거사로 여러 차례 수난을 당하기도 했다. 그 귀한 비파를 원 없이 먹었다. 껍질을 까서 베어 물면 단물이 입안 가득 고여 아무리 따 먹어도 물리질 않았다. 그러다 배가 부르면 높은 나뭇가지에 걸터앉아 먼 훗날 꿈을 그리며 상상의 나래를 펼쳤지 싶다. 지금도 어디 어느 곳에서나 비파나무를 보게 되면 남다른 반가움이 인다.

아들 화실에도 남편이 키우던 비파나무가 있었다. 너무 예쁘게 자라던 모습을 기억한다. 그 나무가 주인을 잃어 관심을 받지 못하니 가냘프게 야위어졌다. 지난해 잘 키워볼 요량으로 집 베란다에 옮겨왔다. 올겨울에도 먼저 자리하고 있던 비파나무가 몇 송이 꽃을 피웠다. 옮겨온 작은 나무까지 덩달아 꽃을 피우는 게 아닌가. 물론 꽃으로 끝내리라 짐작했다.

겨울의 중심인 세찬 날이다. 언뜻 다른 나뭇잎에 가려진 초록 열매를 본 것이다. 달랑 두 잎을 달고 있는 앙상한 가지 끝에 네 개의 비파가 열렸다. 저 여린 나무가 안쓰럽기도 하고 기특하고 경이로운 마음마저 든다. 날마다 눈길은 온통 베란다 비파나무로 향한다. 내 염려와 달리 눈에 띄게 열매의 몸피를 불려가고 있다. 고향 비파와 한 치도 다르지 않다. 열매를 키워내는 나무가 감동을 더한다. 단지 초록 잎을 원했을 뿐인데.

아무리 생각해도 비파가 익을 계절은 아니다. 입춘이 지났지만 아직도

겨울, 비파가 익어간다

코끝이 시리다. 남향 베란다 유리문에 햇살이 반사되어 따스한 기온에 비파나무가 착각했나 보다. 그동안 짙은 초록색으로 튼실하게 크던 열매가 점점 노란색으로 바래진다. 작은 나무의 능력은 끝이 없다. 용을 써 기어코 열매의 완성을 나에게 보여 주려 한다.

어쩜 나무가 내 삶과 다르지 않다고 생각하게 된다. "이제 다시 글을 써 보는 것이 어때?" 그의 의중대로 생활인으로 접어두었던 꿈을 펼쳐보기로 했다. 창작을 전공했지만 오랫동안 접어두었기에 무뎌진 감성으로는 어설프고 서툴기만 했다. 내가 생각한 문학이란 꿈 꾸었던 것과는 확연히 달랐다. 일찍 문단에서 활동하는 기성작가들이 펼쳐내는 작품에 주눅 들곤 했다. 내 창작의 능력으로는 감히 그려낼 수도 상상할 수도 없다. 더구나 소심한 성격은 문장도 과감하게 밀고 가지 못하니 능력의 한계를 느낄 수밖에. 그러나 곁에서 잘한다고 추어주는 단 한 사람이 있었으므로 쉽게 발을 뺄 수도 없는 처지였다. 그저 문학 언저리에서 누가 알아주든 상관하지 않고 글쓰기를 포기하지는 않았다. 베란다에서 비파나무가 주어진 조건은 없어도 악착같이 열매를 키우듯이. 그랬던 나도 큰 에세이문학 공모전에 멋진 결과를 얻었다. 첫 수필집 발간으로 문학상을 받는 영광도 누렸다. 지난 연말에는 두 번째 책도 발간했다. 비파나무가 열매를 달 듯 내 글쓰기도 더 실속 있는 야문 열매를 맺어가고 싶다.

비파가 익어간다. 먼 곳에서 전해주는 따뜻한 마음이라 여긴다. 문학의 길을 걸으며 남은 세상 잘 견뎌내라고 나에게만 전해주는 겨울 선물 같은 것. 열매를 바라보는 눈길이 아련해진다.

겨울, 베란다에 노랗게 비파가 익어간다.

제3부

부네치아에 가다

식집사

지워지지 않는 눈길

뜻밖에

광어다多

멋짐과 아름다움

바람길을 걷다

약천사에 들어서다

푸른 그리움을 붓질하다

마음에 봄날이

Sunset_40.9 x 53.0cm_Oil on Canvas_2022

부네치아에 가다

형색색 단장된 포구가 동화 속 그림 같다. 포구를 따라 서 있는 작고 예쁜 어창들이 장난감 블록으로 조립해 놓은 듯하다. 물 위에 내려앉은 투영된 어창이 더욱 알록달록 현란하다. 긴 수로에는 밤새 조업을 마치고 정박 중인 어선들과 낚싯배들이 편안한 휴식에 들고 있다. 간간이 물살을 가르는 요트들이 이국적인 풍경을 더해준다.

유일하게 누려보고 싶은 딱 한 가지는 해외여행이다. 떠나고 싶을 때 자유롭게 떠날 수 있는 자만큼 행복한 사람이 또 있을까. 간혹 티브이 여행 프로에서 눈에 익혀둔 풍경을 마음은 직접 보고 싶어 하지만 내가 쉬 갈 수도 누릴 수도 없는 곳이다. 수많은 운하의 물길이 도로를 대신하고 선명하게 드러내는 화려한 원색의 집들이 줄지어 서 있는 곳이 세계의 곳곳에 있다 한다. 그중에서 소설가 헤밍웨이가 머물렀다 해서 더 유명해졌다는 이탈리아 베네치아는 꼭 가보고 싶은 곳이다.

　다대포 노을 길을 걸었을 때다. 지날 때 스치듯 보긴 했다. 장림포구 표지 간판에는 색종이를 잘라 모자이크한 것 같은 오색 물고기 한 마리가 금방이라도 뛰어오를 듯 부착되었다. 곁에 나란히 서 있는 또 다른 간판에는 '부네치아'라고 적혀 있었다. 부네치아, 어디서 들은 듯한 이름이다. 이후로 입안에서 머릿속에서 자꾸만 맴돌고 되뇌었다.

　달라진 부산 장림포구가 이탈리아 물의 도시 '베네치아' 풍경을 닮았다고 하여, '부네치아'로 패러디했다는 것을 알았다. 베네치아를 다녀온 사람들도 착각할 만큼 많이 닮았다고 했다. 낙동강 둔치 삼락공원을 지나 물길을 따라가면 작은 포구 부네치아를 만난다. 갑자기 마음이 내킨다. 발길을 돌려 낙동강 줄기를 따라 부네치아로 향한다. 베네치아를 가 본 적이 없는 나로서는 오늘 부네치아에서나마 한껏 이태리 감성을 느껴볼 참이다.

　네덜란드 풍차가 돌아가고, 조형물로 설치해 놓은 무지개색의 일곱 사나이가 다양한 팔 동작으로 인사를 건넨다. 여기저기 이색진 조형 작품들을 감상할 수 있는 것도 이곳만의 풍경이다. 그러면서 켜켜이 쌓아놓은 그물과 어망들이 포구라는 것을 알려준다.

　조용한 겨울 포구에 활기가 느껴진다. 훤히 들여다보이는 맑은 물속에는 고기들이 떼를 지어 노닐고, 잔잔한 물 위에는 오리 가족들도 평화롭다. 추운 날씨에도 부지런한 어부는 배 위에서 그물을 손질하고 어구를 챙기기에 바쁘다. 출항을 앞둔 작은 배들은 포구의 잔잔한 물살에도 흔들리고 있다. 빠르고 힘차게 드나드는 요트들이 있어 이국 풍경을 더한다.

부산에서 육십여 년을 살고 있지만 사하구는 낯설다. 간혹 을숙도 현대미술관과 다대포 해수욕장을 다녀오긴 했다. 오래전 장림포구를 둘러본 적도 있었다. 그때 봤던 포구는 금속 공단에서 배출하는 폐수로 악취가 풍겼고 오염되어 항구의 기능을 잃어가고 있었다. 한때 양식 김을 채취하고, 고기를 잡아 만선의 깃발을 세우고 포구로 돌아왔을 어선들은 폐선이 되어 태양 빛에 녹슬어 가고 있었다. 무력해진 포구를 바라보면서 마음이 선득하니 시렸다.

지워진 듯 잊고 있었던 장림포구가 완전히 다른 모습으로 변신하였다. 공단에서 흘러나오는 폐수를 잘 정화하고 주변을 개발하여 독특하고 이국적인 풍경으로 탈바꿈시킨 것이다. 사하구가 공단의 기계 소리가 덜컹거리는 딱딱한 지역만이 아니라는 것을 알게 되었다.

평소에는 화려하게 색감을 드러내는 원색은 별 관심을 두지 않는다. 부네치아란 이름을 달고 있어서일까. 외면했던 원색들이 이곳에서만은 선명한 색들과 어우러지니 다정하고 고운 빛으로 다가온다. 시력의 조화일까. 마음의 변화일까. 예전에 느껴보지 못했던 감정이다. 사람이 나이가 들면 화려한 색에 먼저 눈길이 가게 된다는데, 무거웠던 삶의 틀을 벗어났다는 의미인지 모르겠다.

남편은 원색 물감을 그대로 붓질한 적이 없다. 여러 가지 물감을 섞어 자신만의 오묘한 색감으로 덧칠하였다. 내 속에도 내색하지 못한 색들이 웅크리고 있었을까. 그렇다면 그 색은 검은색이지 싶다. 모든 색을 품어 안는 것이 검은색이니까. 평소에 남들 눈에 톡톡 튀는 원색 옷을 꺼려 한다. 간혹 오방색을 볼라치면 눈길을 그리 오래 두지 않았다. 별 관심을 두

부네치아에 가다

지 않았다는 게 맞을지도 모른다.

  옷장에 걸려 있는 옷들도 하나같은 어두운색이다. 폐수로 오염되었던 장림포구가 원색의 풍경으로 변신했듯이 이제 내 안의 빨간 노란 초록 파란 흰색들도 하나하나 드러내어 볼 일이다. 여태껏 어둡기만 했던 옷장에도 사이사이 밝은색 옷들을 걸어두고 싶다. 나의 변신을 바라보는 이들의 눈빛도 놀라며 환하게 미소를 짓지 싶다. 그늘졌던 삶을 떠나 때로는 강렬하게 표출하며 살아내야겠다. 오방색을 펼쳐내는 부네치아처럼.

  바람 끝이 매서운 계절 탓인지 찾아온 발길은 나뿐이다. 하지만 오색으로 단장된 부네치아는 쓸쓸하지도, 삭막하지도 않다. 홀로 거닐고 있는 나 역시 부네치아에서는 외롭지 않다. 처음으로 빠져든 오방색은 저마다 색들로 서로를 배려하며 어우러져 화려한 빛을 발한다. 누구라도 이곳에 선다면 거부할 수 없는 풍광이 눈길을 빼앗는다. 오색으로 색감을 드러내는 유일한 풍경이라서 더 그럴 것이다.

  파란 하늘 아래 포구는 잔잔한 물살로 푸르게 일렁인다. 해외여행을 원했던 자에게 주어진 선물 같은 것. 착각이라도 좋다. 밝고 맑은 삶을 원한다면 그런 곳과 비슷한 것을 찾으면 그것이 내가 누리게 되는 행복이다.

  먼 곳 베네치아를 꿈꾸었던 내 앞에 알록달록 현란한 부네치아가 나를 홀린다. 낙동강 물길 따라 부네치아에 오길 잘했지 싶다.

식집사

하늘을 가릴 듯한 울창한 숲길을 걸었다. 그때 신비로움마저 느껴지는 싱그러운 초록 숲에 젖어 들었던 탓일까. 평소에는 별 관심을 두지 않았던 초록색에 마음이 끌린다. 오래전에는 빨간색에 온통 눈길이 홀리더니, 몇 년 전에는 청색에 정신없이 빠져들었는데, 요즘에는 초록새에 자꾸만 시선을 빼앗긴다.

거들떠보지도 않았던 풀색 원피스 앞에서 발길이 멈춰진다. 눈길이 간다고 몸이 따라가는 것은 아니기에 돌아서며 생각해 본다. 옷장에는 제대로 입어보지 못한 디자인이 다른 몇 벌의 연하고 짙은 회색과 검정 원피스가 걸려 있긴 하다. 그러나 짙은 녹색이라면 올봄 특별한 나만의 봄 패션이 될 것 같기도 하다.

잎이 무성한 사철 푸른 나무가 좋았다. 사철나무는 가을이 되어도 단풍으로 떨어져 바람에 휘둘려 쓸려가지 않는다. 잠깐 피었다 지는 꽃처럼 허무하게 시들지도 않는다. 그뿐만이 아니다. 싱싱한 초록 잎을 보노라면 하루하루 처져가는 몸과 마음에 활력이 생겨나고 활기를 얻게 된다.

집 베란다에는 제법 긴 세월을 버텨낸 관엽수가 많다. 오래전, 의상실을 오픈했을 때 지인들이 들고 왔던 화분들과, 남편과 아들의 그림 전시회마다 축하해준 고마움을 기억하려 베란다에 모아 두었던 화분들이다. 바빴던 시절에는 정성스럽게 가꿀 여유가 없었다. 그 관상식물들이 모질게 생명을 이어가고 있었다.

아무것도 아무 일도 하지 않는 널브러진 날들의 연속이다. 웬만하면 외출도 꺼린다. 한 번씩 삶이 무료하다 느껴질 때가 있다. 하릴없이 베란다에 나가 먼 산을 바라보기도, 햇살 받아 건조해진 화분에 시원하게 물을 뿌려주기도 한다.

자연히 화분마다 상태를 살펴보게 되고 관심도 생겨난다. 마른 가지는 잘라주고 답답하게 엉킨 뿌리는 부분을 떼어 분가시키며, 시들해진 식물은 영양분도 챙겨준다. 어긋나게 뻗어진 잔가지는 가지런히 다듬어 주고, 부실한 식물은 새 흙을 채워 넉넉한 화분으로 분갈이한다. 챙겨주는 정성에 물기를 머금은 초록 잎은 점점 윤기를 더해 갔다.

베란다 관엽수 키는 눈높이만큼 적당해야 한다. 하지만 떡갈고무나무와 잎이 자잘하고 풍성한 부귀수나, 비파나무는 서로 경쟁하듯 천장에 닿을 듯이 쭉쭉 키를 밀어 올린다. 곁에 있는 인도고무나무도 눈치 없기는 마찬가지다. 덩달아 이리저리 질서 없이 잔가지를 뻗친다. 마음에 이는

전잎을 다듬다_수필소묘_2024

잡념을 잘라내듯 뻗쳐진 가지는 알맞은 길이로 과감하게 잘라버린다. 잘린 나무는 내 의도를 알아차린 듯이 몸통에 새 움을 틔워 곁가지를 만들어 멋진 수형을 만들어낸다. 그 밖의 관음조, 아레카야자, 금전수 등 진초록 잎을 가진 나무들은 제자리에서 얌전하다.

떡갈고무나무는 내가 가장 좋아하는 애완식물이다. 요즘 공공건물이나 카페, 어느 곳에서라도 흔하게 보게 되는 나무다. 잎이 유난히 크고 짙푸르다. 바라보며 마음이 풍성해지고 맑아진다. 젊음의 상징처럼 튼튼하고 활기차게 보인다. 누구라도 보호하고 지켜줄 것같이 믿음직하고 든든하다. 바이올린을 닮은 넓고 우아한 잎에서는 언제라도 고운 선율이 흘러나올 것만 같다. 내색할 수 없는, 늘 초조하고 불안했던 감정들이 사라지고, 연일 이어지는 천근만근 무거워진 봄날의 나른함도 사라지게 해준다.

베란다에는 사십여 개의 관상 화분과, 푸른 쪽파가 자라는 열두 개의 크고 작은 텃밭 화분이 있다. 온통 초록 일색이다. 그런데도 성에 차지 않는다. 어느 곳 어떤 장소에서라도 잎이 풍성하고 싱싱한 나무를 보면 내 집 베란다에 들여놓고 싶어진다. 누군가가 이런 나를 안다면 초록 결핍자라 여길지도 모르겠다.

처음으로 가지를 잘라 물꽂이를 해봤다. 급한 것도 없이 날마다 물을 갈아주며 느긋하게 기다린다. 두 주쯤 지나니 잠겨 있는 나무줄기에 하얀 눈을 틔우더니 점점 수염 같은 가느다란 흰 뿌리를 내린다. 화분에 옮겨 심고 얼마를 지나니 새잎을 피우며 한 그루의 나무로 자란다. 인도고무나무도 같은 방식으로 삽목했다. 참새 주둥이 같은 뾰족한 네 개의 작은 싹을 틔워낸다. 이렇게 베란다 식물의 개체수를 늘려간다. 식물이지만 참 사랑스럽다. 번식하는 나무의 생명력이 용하고 장하다. 이왕이면 좋아하는 윤기가 흐르고 잎이 큰 진초록 떡갈고무나무로 베란다 작은 숲을 만들고 싶다. 식물에 전문가는 아니지만, 그래도 우리 집 베란다 작은 정원만큼은 내 손으로 가꿀 줄 아는 애완 식植집사가 되어간다.

초록 식물을 바라보면 머릿속에 지근거리던 근심이 지워지고 문득문득 느껴지는 외롭고 쓸쓸하고 헛헛했던 마음도 사라진다. 대자연 속에서 자라는 나무와 달리 마음껏 키를 키우고 가지를 뻗치지도 못하지만 열악하고 불편한 환경에도 맑고 청량한 색을 잃지 않는다. 변함없이 자라주는 나무가 기특하다. 초록 잎을 바라볼 때면 무언가를 이루어 낼 것처럼 용기가 생기고 힘이 솟는다. 무성한 숲속을 걸을 때처럼 오롯이 자연이 느껴지는 이 순간만은 마음이 한없이 편안하다.

연둣빛에서 연초록으로, 다시 초록이 풍부한 유월이 되면 무성한 신록이 펼쳐질 것이다. 이때처럼 나에게도 푸릇했던 청춘만큼 더 좋았던 시절이 있었을까. 찜통같이 무더운 여름이 되면 초록은 검푸르게 짙어지겠지. 가뭄과 비바람을 견뎌내며 초록이 완성되는 팔월의 잎처럼, 지금 나의 생도 초록의 끝자락으로 향해 간다는 사실을. 세월을 지나고 보니 알겠다. 그래서 더 애착을 가지는지도 모른다.

삽목으로 화분이 늘어난다. 베란다 정원이 제법 울창하다. 사철 푸른 관엽수들이 작은 숲을 이룬다. 조경에 무지했던 내가 이제는 애완식물을 돌볼 만큼의 식집사가 되었다. 초록이 좋다. 내 작은 정원이 좋다. 식집사의 하루가 넉넉하고 평온하다.

지워지지 않는 눈빛

살다 보면 많은 일들을 겪는다. 좋은 일 좋은 모습만 늘 보며 사는 게 아니다. 마음 아팠던 일들은 오랫동안 지워지지 않는 상흔으로 남겨진다. 비단 사람에게만 주어지는 상황은 아닐 듯싶다.

요즘은 일인 가정이 늘어가는 추세다. 그들은 허전하고 외로워서인지 반려동물을 가족이나 또는 인생의 동반자로 여기고 있다. 애완견에게 쏟아붓는 지극함이 가족 사랑을 능가한다. 그러나 생명이 있는 것들은 끝까지 책임을 다해야 한다. 더러는 장난감처럼 데리고 놀다 싫증 나면 아무런 가책 없이 버리는 경우가 있다. 곳곳에서 초라하고 너절한 유기견들을 쉬 보게 된다. 불쌍하고 애처롭고 측은하다. 오랫동안 애완견을 키워봤기에 더욱 그런 마음이다. 역시 사람이나 애완동물도 어떤 주인을 만나느냐에 팔자가 좌우되는 것 같다.

Apple_33.4 × 45.5_2022

지워지지 않는 눈빛

지인 아들이 서울에서 뮤지컬 배우 수업을 받는 중이다. 가족을 떠나 홀로 사는 외로움이 컸을까. 부모를 졸라 굳이 족보가 있다는 귀한 애완견을 사서 키웠다. 사회성을 쌓아야 한다며 강남의 유명하다는 애견 유치원에 보낸다는 말에 배를 잡고 웃기도 했다. 얼마 전 그 강아지가 뇌를 다쳐 병원에서 큰 수술을 했지만 회복하지 못했다고 한다. 장례식장에서 예를 갖춰 장례를 치러주었다. 비록 짧은 생을 살다 갔지만 애완견은 어느 인간이 누릴 수 없는 최고의 생을 살다 떠났다. 자식이 원하는 것을 모질게 거절 못 하는 것이 부모 마음이다. 일반인들이 상상할 수 없는 비용을 계속 입금해야 했다는 어미의 하소연을 들었다.

올해가 가기 전에 올레길 완주를 마치기로 했다. 마지막 코스를 힘겹게 걸을 때다. 언제부터 덩치가 큰 누런 개 한 마리가 따라오고 있었다. 최근 여성이 대형견에 물려 사망했다는 뉴스를 본 터다. 가슴이 움츠러들고 바싹 긴장된다. 잔뜩 경계하는 눈길로 바라보니 공격해 올 것 같지 않은 선한 눈빛이다. 큰 덩치에 몸매도 날렵하며 얼굴도 잘생겼다. 낯선 사람을 두려워하는 눈빛은 전혀 아니다. 딱히 유기견으로 보기도 어려웠다. 어느 가정에서 누군가의 사랑을 받는 식구라고 짐작되었다. 안도감이 느껴지니 불안했던 마음이 느슨해진다. 낯선 길을 안내하듯 앞서가는가 하면 가끔은 나를 힐끔 쳐다보며 힘든 내 표정까지 살핀다. 곁에서 무거운 발걸음을 맞춰 걷기도 한다. 마을을 벗어나 오름을 오르고 곶자왈을 지나도 한결같이 따라온다. 이미 돌아가기에는 너무 먼 길이다. 그제야 동네에서 키우는 개가 아닌 것을 알아차렸다.

눈길이 마주칠라치면 정에 굶주린 슬픈 눈으로 나를 바라본다. 사람을 잘 따르고 순한 모습을 보니 스스로 집을 뛰쳐나왔을 리 없어 보인다. 길을 잃었을까, 아니면 누가 이 멋지고 순한 개를 버렸을까. 각자의 사연은 있겠지만 목숨이 있는 동물을 물건 버리듯 하는 것은 아니지 싶다. 오지 말라 손짓을 해도 멈칫했다 다시 따라온다. 얼마나 굶주렸을까. 먹을 것이라도 주고 싶지만 이미 배낭은 비워진 상태다. 어차피 같이 가기에는 부담이 느껴진다. 겨우 따돌리고 빠른 걸음으로 길을 재촉했다. 완주를 마치고 정류소에서 버스를 기다리는데 멀리서 올레꾼 부부를 따라오는 녀석이 보였다. 순간 가슴이 철렁한다.

젊은 올레꾼 부부를 따라 앞서거니 뒤서거니 하며 가까이 다가왔다. 녀석도 먼 길을 걸어왔으니 많이 지쳤나 보다. 정류소에 도착하자 기진하듯 두 다리를 쭉 뻗어 엎딘다. 부부에게 어디서부터 같이 오게 되었냐고 물어보았다. 먹을 것을 줬더니 그때부터 착 달라붙어 따라오더란다. 남자분은 늘어져 누워 있는 개에게 측은한 눈길을 떼지 못한다. 녀석은 지쳐 잠들었는지 눈을 질끈 감고 있다.

"저 멋진 개를 누가 버렸을까요. 누가 데려다 길러도 될 것 같은데…."

남자의 안타까운 표정이다. 오늘따라 거칠게 몰아치는 혹한의 겨울바람에 몸이 움츠려진다. 기온이 떨어진 찬 날씨를 이 녀석 어떻게 견뎌낼까.

기다리던 버스가 다가온다. 차를 타려 움직이니 녀석이 눈을 번쩍 뜬다. 남자분은 차마 발길이 떨어지지 않는 모양이다. 부디 새 주인을 만나 편안하게 사랑받고 살라는 말을 건네준다. 나 역시 같은 마음을 전하고 버스에 오른다. 차창 밖을 바라보니 엎딘 채 고개를 들고 멍하니 바라본다. 세상에서 가장 애처롭고 슬픈 눈길은 떠나는 자를 바라보는 자의 것이다.

올레 본부에서 완주증을 받고 직원들과 올레꾼들의 축하 인사를 받았다. 완주 순번과 이름, 아들과 함께 찍은 사진을 명예의 전당에 올린다고 한다. 오랫동안 얼마나 힘들게 걸어 낸 길인가. 완주증을 받아 들고 보람으로 행복해야 하는 순간이다. 하지만 그리 즐겁지도 행복하지도 않다. 마음 한편에 자리한 애처로운 눈길이 겹쳐져 뿌듯하고 기쁜 마음이 침울해져 가라앉는다.

어느 여자 배우가 생각난다. 연예계의 화려한 생활을 접어두고 오로지 유기견을 돌보면 허접한 생활도 마다하지 않았다. 지금 내 감정은 그저 안타까움뿐이다. 애틋하고 절절한 마음을 실천하는 헌신적 사랑이 세상 무엇보다 고우며 존경스럽다는 생각을 하게 된다.

유기견 보호소에 신고한다면 녀석은 굶지도 겨울 추위도 면할 것 같다. 오늘 녀석을 만났던 코스와 헤어졌던 장소를 알려주면 아마도 구출될 것 같았다. 검색한 연락처로 신고하기로 마음먹었다. 그러나 순간 유기견 보호소 상태를 방송했던 장면이 떠올랐다. 어두침침하고 좁은 쇠창살 안에 갇혀 있던 불안한 개들의 모습을 보았다. 열흘 동안 입양이 되지 않으면 안락사시킨다 했다. 아니면 입양을 핑계로 보신탕집으로 끌려 갈지도 모른다. 휴대폰 숫자를 눌러가던 손가락을 멈췄다.

차라리 녀석이 떠돌이로 자유롭게 사는 것이 나을지도, 어쩌다 식당 앞에서 착한 주인이 챙겨주는 생선 뼈다귀라도 얻어먹는 행운이 주어질지도 모른다. 오늘처럼 낯선 길을 걷는 올레꾼들의 길 안내자가 되어 당당한 노동의 대가로 그들이 던져주는 먹이로 주린 배도 채워질 테다. 거친 비바람과 눈발이 치는 날이며 밀감밭 농막에서 지친 몸을 피할 수 있겠지.

　집으로 돌아와 며칠이 지났건만 멍하니 바라보던 유기견의 눈길이 자꾸만 떠오른다. 아마도 오랫동안 지워지지 않을 것 같은 슬픈 눈빛이다. 아직도 마음은 올레길에 머물고 있으니 마지막 올레길은 아직 마무리되지 못한 듯하다.

뜻밖에

온통 행복만으로 채워지는 삶이 있을까. 오로지 생계와 생존만을 위해 아등바등 살아내는 것에 집중할 뿐이다. 긴 세월 동안 온갖 시련의 감정들을 촘촘하게 새겨놓은 후에야 비로소 괜찮았다고 느껴지는, 다시는 되돌릴 수 없는 삶의 부분들.

사람들은 행복하기 위해서 돈을 벌고, 종교에 귀의하고, 가정을 이루고, 건강을 챙기고, 취미생활을 하며, 친구들과 어울린다. 하지만 부대끼며 일상을 살아내는 대부분 사람은 순간순간 주어지는 행복을 쉬 느끼지 못한다.

어떤 이들에겐 여행이란 마음만 먹으면 갈 수 있는 것으로 보였다. 늘 꿈으로만 여겼다. 제주도 여행이란 내 처지로 본다면 그리 쉽게 갈 수 있는 곳이 아니었다. 힘들어 지치고, 아프고 시린, 영원히 멈추지 않을 것 같았던 슬펐던 시간들이 멈추었다고 느낄 즘에서다. 이제는 형편을 따지지 말고 우리 스스로 즐기며 행복할 수 있는 이유를 찾는 삶을 살아보자는 아들의 말이었다.

대한민국의 하와이라 칭하는 곳. 화산섬이 펼쳐내는 제주 올레길을 걷기로 했다. 느지막이 처음으로 들뜨면서 계획했던 여행이었다. 경이롭고 신비롭게 여겨지는, 현무암의 비경과 광활한 에메랄드빛 바다색이 종종 나를 그곳으로 이끌었다. 외국 여행은 떠나보지 못했지만 세계 어느 곳이 제주도만 한 곳이 있을까 싶다. 나에게는 오로지 제주도다. 틈날 때마다 찾아가 올레길을 걸었다. 무엇보다 든든한 아들과 같이 걷는 길은 외롭지도 쓸쓸하지도 않다.

어느 코스라도 제주의 매력을 품고 있지 않은 곳이 없다. 올레 코스들은 대자연의 풍광을 끝없이 펼쳐내어 중독자처럼 나를 빠져들게 했다. 올레길 완주 이후로도 마음이 팍팍해지면 제주 올레길에 나를 세운다. 그 길에 서면 나는 한없이 편안하고 마음의 위안을 받게 된다.

서귀포 해안 길을 걸었을 때다. 오래 걷다 보니 다리가 뻐근하고 후덥지근한 날씨에 갈증이 났다. 올레길 완주 전이었다면 생수로 목을 축이고 무넌히 걸었을 것이다. 이제는 여유롭게 충분히 즐기면서 걷기로 했다. 마침 서귀포 바닷가 아담한 카페에 들러 잠시 쉬었다 걷기로 했다.

제주에는 멋진 비경이 펼쳐진 곳이라면 틀림없이 근사한 카페가 자리하고 있다. 카페들은 서로 경쟁이라도 하듯 실내장식이 멋지고 고급스럽다. 아늑히 펼쳐지는 바다와 야자나무가 줄지어 서 있는 이국적인 풍경을 바라볼 수도 있다. 그러나 들어선 카페는 달랐다. 겉치레가 없고 수수하다. 실내에는 기본인 테이블 몇 개와 커피 머신과 계산대가 있는 아주 단조로운 카페다. 아들 또래로 보이는 청년이 반갑게 맞이한다. 성실해 보이고 표정이 밝다. 헌칠한 스타일에 상냥하고 건강하게 보이는 카페 사장이 전망 좋은 자리로 안내해 준다. 뭘 마실까 망설이는데 밀감 에이드를 권한다. 백 퍼센트 밀감으로만 짜서 진하다고 했다. 역시 제주도라면 밀감이지. 권해주는 에이드를 마시기로 했다.

카페를 혼자 운영하느냐고 물어보았다. 바쁘지 않으니 저녁에만 알바를 둔다고 한다. 올레길을 걷는 동안 젊은 청년이 운영하는 카페에 들러 대화를 나누어 보았던 적이 몇 번 있었다. 찌는 듯한 팔월에 더워진 몸을 잠시 식힐까 해서 들렀던 바닷가 카페, 코스 완주를 마치고 시원한 생맥주를 마시러 들른 맥줏집 사장도 젊은 청년이었다. 그들과 대화를 해보니 하나같이 자기 행복을 찾아 모든 것을 저버리고 세계여행 길을 택했다고 했다. 그들이 여행길 끝에 자리 잡은 곳이 한결같이 제주도였다. 세계 어느 곳보다 멋진 제주 풍광에 나처럼 푹 빠져버린 모양이다.

명문대학을 나와 당당하게 대기업에 입사했단다. 하지만 아침에 넥타이 매고 양복을 차려입고 출근해서 정신적 스트레스를 감당하면서 퇴근하는 반복된 일상에 심한 회의를 느꼈다고 한다. 어느 날 미련 없이 사표를 내고 칠 년 동안 이 나라 저 나라를 떠돌았다고 했다. 손님이 뜸하며 짬짬이 서귀포 대자연의 비경을 즐기며 자유롭게 살 수 있는 지금 이곳의 삶이 충분하고 족하다고 말한다.

부모가 허리끈 졸라 가며 공부시킨 아들이 모든 젊은이가 선망하는 직장에 입사했을 때의 얼마나 자랑스럽고 뿌듯했을까. 그랬던 아들이 직장을 그만둔다고 하면 그래 너 하고 싶은 대로 살라며 통쾌하게 승낙할 부모는 몇 명이나 될까. 내가 이를 악물고 치열하게 살았어도 달라지거나 늘어가지도 않는 삶에 몸과 마음이 복작였을 때라면 도저히 이해가 불가능했지 싶다. 좋은 직장을 내팽개친 젊은이가 인내심이 없다는 둥, 철없다고 했을 테다. 이제 내가 힘겨웠던 삶의 틀을 벗어나 여행길에 서 보니 알겠다. 목적을 세워 도전하는 청춘의 용기가 대단하고 멋지기만 하다.

현 생활이 만족하다면 그것처럼 행복한 삶이 어디 있을까. 건강한 얼굴이 티 없이 해맑고 여유롭게 보인다. 한참 이런저런 대화를 나누던 중 그가 우리 모자를 바라보며 말한다. 엄마와 아들이 함께 올레길을 걷는 여행객은 처음 본단다. 모자가 먼 길을 걸을 수 있다는 것이 건강하고 무엇보다 행복하게 보여 너무 부럽다고 말한다. 오랜 세월을 살아내는 동안 어떤 것이, 무엇이 행복인지 그저 주어진 것에 최선으로 살아낸 내게 청년이 던져준 말이다. 아무것도 내세울 게 없었던 내가 누군가에게 부러움의 대상이라니. 청년의 말에 내가 웃는다.

괜히 비실비실 웃음이 난다는 건 내가 지금 정말 행복하다는 뜻. 카페를 나오려는데 잠시만 하고 나를 불러 세우더니 얼음 물병을 챙겨준다. 젊은 사장은 한참 만나지 못한 어머니가 생각났는지, 더운 날인데 걷다가 목마르면 시원하게 마시란다.

복중에 인연 복이 최고라는데, 뜻밖에 청년이 나를 일깨운다. 길을 걷는다. 아들과 내 웃음소리에 외진 길이 들썩하다. 얄궂게 찌푸렸던 하늘이 맑고 명랑한 얼굴로 바뀐다.

광어다多

생선회를 좋아한다. 세상에 맛난 음식이 많기도 하지만 내 입맛으로 치자면 생선회가 최고다. 바다만 바라봐도 쫀득한 생선회가 입안에 느껴져 침이 고인다.

회는 봄 도다리 가을 전어다. 여기에 굳이 더한다면 겨울 밀치(가숭어)와 우럭도 빼놓을 수 없다. 왜냐면 제철에 맛이 오른 생선회를 그냥 지나치지는 않는 까닭이다. 다행히 아들이 엄마의 입맛을 완벽하게 닮았으니, 회를 먹는데 그리 걸리적거릴 일은 절대 없다.

넓적한 몸을 가진 광어는 도다리와 구분하기가 힘들다. 그래서 비교하는 '좌광우도'라는 단어가 있다. 앞에서 볼 때 왼쪽으로 눈이 돌아갔으면 광어, 오른쪽은 도다리라 한다. 하물며 상대가 못마땅하게 흘겨보는 눈을 광어 눈이나 도다리 눈에 빗대기도 한다.

그동안 숱하게 생선회를 먹어봤지만 유독 광어회는 꺼렸다. 고급스럽다는 연어회도 더더욱 아니다. 씹히는 식감이 물컹해서 싫었다. 게살어회처럼 꼬들꼬들하지도, 아나고회처럼 포슬포슬하고 꼬시지도 않다. 다행히 뱃살이나 지느러미살은 쫀득하고 씹을수록 고소하다. 그러나 뱃살 몇 점 먹자고 비싼 광어를 주문해 먹을 수 없는 노릇이 아닌가. 그런데 요즘 광어 맛이 달라졌다고 한다. 내가 먹어봐도 그렇다.

종종 가서 걷는 서귀포 바닷가 근처에는 검은 하우스가 많다. 광어 양식장이라고 했다. 양식하는 장면을 볼 수는 없지만 세계 광어 절반이 이곳에서 생산한다고 하니 규모가 어마하다. 전에는 광어가 비싼 어종이었다. 이제는 인공 종묘 생산으로 대량 양식이 가능해졌다. 자연스럽게 값이 싼 광어 덕분에 내 입에까지 들어오게 되었다.

양식 광어를 사람만 좋아하는 것이 아니었다. 또 다른 덕을 누리는 것들이 있다. 바닷가 현무암 돌밭으로 설치된 큰 배수구에는 양식장에서 배출하는 하얀 물비늘을 폭포처럼 콸콸 바다에 쏟아낸다. 한참 서서 바라보니 갈매기나 왜가리들이 쏟아지는 물살을 바라보며 뭔가를 잔뜩 노리고 있다. 심지어 낚시꾼까지 낚싯대를 드리우고 있다. 양식장에서 배출되는 센 물살을 타고 빠삐용처럼 잽싸게 탈주한 광어란 놈을 녀석들이 노리는 중이다. 더러는 망에 걸리지 않는 새끼 광어도 빠져나온다. 사람살이만 힘든 것이 아니다. 애써 탈주했지만 또 한 번 넘어야 하는 생사의 문턱이 기다리고 있다. 넓은 바다 모래밭에서 자유롭게 살고 싶었던 광어의 삶도 만만하지 않다.

내가 아주 어릴 때다. 아버지 제삿날이었다. 엄마는 살아 있는 커다

140 청색 머플러

summer vacation 53.0 × 33.4cm_oil on canvas_ 2023

란 광어를 힘겹게 들고 왔다. 아직 그렇게 큰 광어를 본 적은 없다. 광어를 어떻게 요리해서 제상에 올렸는지 기억 속에 없지만 엄마는 아버지 제사 때마다 늘 큰 생선만을 올렸다. 시어머니의 그런 모습을 봐서일까. 올케언니 역시 시부모 기일이면 싱싱하고 크고 귀한 생선을 제사상에 올린다. 이미 올케언니도 나이 들어 여기저기가 아프고 불편하다. 얼마 전에는 무릎 관절 수술까지 한 상태다. 싱크대에 기대어 팔꿈치 힘으로 버티며 음식 만들기에 몸을 사리지 않는다. 심지어 내가 도와주는 것도 마다하고 본인 손길로 온 정성을 다한다. 영혼이 먹고 가는 것은 아니지만 내 부모인지라 최선을 다하여 제사상을 차리는 올케언니가 정말 고맙다.

양식업을 하는 분이 직접 광어 요리 전문점을 운영한다고 했다. 가격도 저렴하고 음식 맛이 좋아 꽤 명성을 얻는다고 한다. 내 생각으로는 회라면 부산이 최고라고 여긴다. 입맛 따라 종류도 다양하고 무엇보다 횟값이 싸다. 제주도에서 회를 먹어본 적이 있다. 관광지라 비싸기도 했지만 부산 회 맛에 익숙한지라 굳이 제주도 회는 먹지 않기로 했다. 마침 아들이 하는 강의가 종강이다. 다음 강의까지는 일주일 동안 여유가 있다. 이번에는 유명하다는 서귀포 광어 맛집에 들르기로 했다.

맛집이 있다는 올레 4코스를 걷기로 했다. 일찍 호텔을 나와 출발 지점을 찾아 걸었다. 이번 코스는 다행히 힘겹게 올라야 하는 오름은 없다. 끝없이 펼쳐지는 푸른 바다 곁으로 울창한 숲길을 걷게 되니 좋았다. 다리가 묵직해질 때쯤 아들이 가리키는 '광어다多'의 큰 간판을 단 이층집이 보였다. 가까이 가니 열두 시가 채 되지도 않았는데 넓은 주차장에는 벌써 차가 만석이다. 이층 홀에도 손님으로 만원이고 대기자들로 줄이 이어져 있다. 아직 남은 길을 걸어야 한다. 한참을 기다려 먹는다면 해가 저물어야 코스 완주를 하게 되겠다. 먹고 가나 아니면 포기하고 그냥 갈까 망설이고 섰다. 그래도 오랫동안 짜놓은 계획대로 기다려 먹기로 했다.

기다리니 차례가 왔다. 메뉴는 광어회, 광어초밥, 광어물회, 광어비빔국수, 광어탕수어가 있었다. 아들이 검색하여 맛 평가를 최고라고 올려진 광어회와 미역국을 시켰다. 내어준 밑반찬이 깔끔하고 맛깔스럽다. 큰 놋대접에 곰국보다 더 진한 미역국이 나왔다. 시원하고 구수하다. 뽀얀 국물에 반듯반듯한 뼈 없는 부드러운 광어 살이 풀어지지도 않고 넉넉하게 들어 있다. 어릴 때 종종 광어 미역국을 먹어보았다. 그동안은 고향 바다에서 건져 올려 끓인 광어 미역국을 최고라 여겼다. 하지만 그 국보다 더 맛있다. 만약 아기 낳은 산모가 먹는다면 빠르게 회복될 것 같다. 가임 여성이 자주 먹게 되면 다산하는 계기가 되지 않을까 싶기도 하다.

까만 현무암을 네모나게 갈아서 만든 듯한 접시에는 푸른 깻잎을 깔아 광어의 모양대로 썬 회가 담겨 나왔다. 회를 먹을 때 늘 아쉽게 하던 지느러미살이 많았다. 도톰하고 크게 썰었다. 회 한 점을 초장에 찍어 입에 넣는다. 입안에 한가득하다. 광어 살이 무르지도 비리지도 않다. 씹히는 식감이 쫀득하고 고소하다. 별로 선호하지 않았던 광어회 맛의 신세계다.

사장님께 광어회 맛이 다른 이유와 고급지게 차려 낸 것에 비해 저렴한 이유를 물었다. '광어다'에 특별하게 한자 '많을 多'를 붙인 이유까지 물어보았다. 사장님은 직접 생산한 것이라 비싸지 않고, 맛은 숙성의 차이라 일러주신다. 많을 多를 붙인 이유는 양식장에 광어가 많아서라지만, 내 생각으로는 양식 광어 맛을 보러 많은 사람이 몰려오라는 의미로 느껴진다. 미역국과 회로 든든하게 배를 채웠다. 먹지 못한 요리 종류는 꼭 다시 오면 먹기로 했다. 한결 발걸음이 가볍다. 해가 저물기 전에 남은 길을 걸었다.

걷는 내내 좀 전에 먹은 뽀얀 미역국과 도톰한 회가 생각난다. 여행에서 돌아온 지금까지 그 맛이 입안에서 맴돈다.

멋짐과 아름다움

올레 3코스 출발점에서다. 먼저 도착한 부부가 올레 수첩에 스탬프를 찍고 있었다. 느린 손동작은 그리 급한 것도 없어 보였다. 한 걸음이라도 빨리 출발하려는 조급한 마음으로 서 있는 사람은 안중에도 없는 듯하다.

아내가 걷는 동안 불편함이 없을지, 메고 있는 백팩은 편안한지, 스틱과 상갑은 잘 챙겼는지, 신발 끈은 단단하게 잘 조였는지 이것저것 꼼꼼하게 살펴준다. 저러기에 쉽지 않은 연배로 보인다. 남자분의 행동을 가만히 지켜보느라 빨리 출발하려 했던 좀 전의 조급했던 마음이 사라졌다.

물끄러미 쳐다보던 나는 어디서 왔느냐고 물어보았다. 짐작과 달리 이곳 제주도에 산다고 답하면서, 되레 내게 어디서 왔느냐고 묻는다. 부산이라는 내 말에 그는 스탬프를 찍은 수첩을 백팩에 넣으면서, 저희도 얼마 전 부산에 가서 며칠 동안 갈맷길과 해파랑길을 걸었다고 했다. 노부부의 모습이 좋아 보이기도 하고 살짝 부럽기도 하다. 나는 진심을 담아 내가 해줄 수 있는 최고의 찬사를 전하고 싶었다.

"참 멋지십니다."

그런데 남자는 "아이구 아닙니다. 멋진 사람은 정치인들이지요." 뭔 말인지 멀뚱하게 바라보는 나에게 그가 다시 말했다. 저는 채용 비리나 권력을 남용한 일도, 자녀 입시비리도, 불법을 저질러 구속되어 법의 심판을 받은 적이 전혀 없단다. 그저 평범한 국민으로, 젊어 열심히 일하고 이제 자연 풍광이 펼쳐지는 이곳에서 즐기는 삶을 살고 있다고 한다. 그러니 우리 같은 사람은 절대로 멋진 사람이 될 수 없다며 손사래를 친다. 굳이 말한다면 아름다운 사람이란다. 듣고 생각해 보니 이들 부부만큼 아름다운 삶이 또 있을까 싶었다. 그제야 말의 진심을 알아차린다.

활짝 피운 어떤 빛깔의 꽃이, 어떤 풍경이 이처럼 아름다울 수 있을까. 부부를 조용히 바라보았다. 무엇보다 내가 원하고 꿈꾸었던 그런 삶이 아니던가. 다시 봐도 완벽한 아름다움이다. 비로소 남자분의 말에 통쾌하게 소리 내어 내가 웃었다. 아름다운 부부도 따라 웃는다.

멋짐에 가려진 또 다른 의미가 있을 수 있다는 것을 이제야 깨달았다. 간혹 어울리는 옷을 입은 분에게나, 지인의 감동적인 행동을 볼 때도 늘 "멋지다, 멋지십니다."란 말을 입에 달고 살았던 내가 아닌가. 상대를 다 모르면서 겉으로 보여 지는 것만으로 멋지다는 표현을 남발한 셈이다. 멋진 사람에게 가려진 또 다른 의미를 알고 있는 누군가의 시선으로 본다면, 나는 참 간사한 인간으로 보이기도 했겠다. 순간 마음에 이는 이 불편함은 무엇인가.

　그렇다고 남자에게 "참 아름다우십니다." 하기는 너무 낯간지러운 말이다. 물론 정부 요직에 몸담았던 분들의 비리를 꼬집어 농담처럼 웃자고 던진 말인 줄 안다. 자신을 아름다운 사람이라고 당당하게 말할 수 있는 남자, 처음 본 나에게 통쾌한 웃음을 웃게 해준 사람, 다정했던 부부가 마음에 긴 여운을 남긴다.

　먼 길을 걷는 내내 그들 모습이 멋지고 아름다운 풍경이 되어 선하게 펼쳐지고 또 펼쳐진다.

바람길을 걷다

하필이면 한파주의보가 내려진 날 집을 나섰다. 지하철 1호선을 탄 것은 긴 노선 때문이기도 하고, 며칠째 은둔하며 먹먹해진 내 정신을 시퍼렇게 시린 바닷바람에 확 깨쳐 보고 싶어서다.

강한 추위 탓인지 북적이던 지하철 안이 오늘은 느슨하다. 좌석이 넉넉하니 승객들의 눈치 다툼도 없다. 종점 네다섯 역이 남았을 즈음에서다. 텅텅 비워진 넓은 칸에나 혼자 남겨졌다. 간혹 낯선 사람들로 채워진 공간에서는 한 번쯤 외로워도 괜찮겠다고 생각하게 된다. 이유 없이 혼자 있고 싶을 때가 있다. 조용한 공간에서 편안해지고 싶었는지도 모른다. 오늘이 딱 그런 날이다. 혼자라서 좋았다.

도착한 마지막 종점 다대포해수욕장 역사를 빠져나왔다. 방향을 잡지 못한 채 한참을 서성이다 안내표지판 앞에 멈춰 섰다. 다대포 '노을길'을 안내하는 길을 따라 걸어보기로 한다. 모처럼 용기를 내어 나선 길이니 되돌아갈 수는 없지 않은가.

　한겨울 광활한 바다가 온통 내 차지다. 썰물로 밀려 나간 백사장은 더 넓고 아득하다. 바다는 뜨거웠던 여름날의 열기도, 스산했던 가을 풍경도 쉼 없이 밀려오는 파도에 실려 먼 곳으로 떠나보낸 듯하다. 새파랗게 질려 버린 겨울 바다와, 구름 한 점 없는 말간 하늘이 시리도록 차갑게 보인다. 힘을 잃어버린 엷은 정오의 햇살도 물결에 반사되니 윤슬로 눈부시다. 사람들은 시원한 여름 바다를 즐겨 찾는 것과 달리 나는 겨울 바다를 좋아한다. 검푸른 더 센 파도가 거칠게 몰아칠 때면 팍팍했던 머리가 맑아지고, 답답하게 채워졌던 마음도 말끔하게 비워진다.

　끝없이 펼쳐진 백사장을 걷는다. 먼 바닷길을 달려온 바람이 드세다. 세찬 칼바람이 살갗을 에듯 전신에 파고든다. 온몸이 얼얼하지만 스스로 택한 오늘의 외출이니 견뎌보기로 한다. 순간순간 모래바람이 뽀얗게 인다. 베이비파우더처럼 부드러운 희뿌연 모래도 드센 바람을 만나니 험해지고 얄궂다. 모래바람이 갈기를 세우며 나에게로 달려들어 사정없이 후려친다. 가느다란 모래알도 눈에 들어가니 까끌까끌하고 따끔거리고 눈물이 난다. 눈을 뜰 수도 몸을 가눌 수도, 바로 서서 맞설 수도 없다. 잠시 등지고 서서 바람이 멈추기를 기다린다. 인생길에서 맞닥뜨린 시련처럼.

　편안한 삶을 살아낼 수 있는 곳이 어디에 있을까. 세상은 나에게만 가혹했다. 이별의 고통도 모질었다. 시린 겨울 바닷길을 걷는다는 건 새로운 나를 찾아가는 것. 원망하고 탓하고 속 태웠던 일들은 모두 털어버리고, 날려 보내고, 밀려가는 파도 위에 띄워 보낸다면, 길 끝에는 맑고 밝

150 청색 머플러

Heavy rain_89.4x145.5cm_Oil on Canvas_2022

은 내가 되어 서 있으려나.

모랫길을 벗어나려는 순간이다. 모래바람을 사정없이 맞으며 백사장에 맨몸으로 누워 있는 마른나무 앞에서 발길을 멈추었다. 수령이 족히 삼십 년은 되어 보인다. 어느 곳에 서 있었던 나무였을까. 탄생과 죽음이 사람의 것만은 아니었다. 자연의 섭리 앞에 장사 없듯 지난여름 불어온 태풍 '마이삭'의 드센 위력 때문이었을까. 뿌리째 뽑혀 물살에 떠밀려와 모래밭에 널브러져 있다.

며칠 동안 칩거하며 우울하고 불안했던, 깊은 회의에 빠진 듯 절망을 소유한 것도 같았던 내 모습처럼. 벗어나기 위한 행동조차 없었던, 무기력하게 처져 있던 나와 같다. 모래바람이 전신을 몰아쳐도 스스로 아무 저항도 할 수 없는, 그저 물살이 끌어다 뉘어 놓은 그대로다. 마른나무가 처연하다.

어느 곳 어떤 마을에서 뿌리를 내리고 있었을까. 한때는 울창한 나무로 사람들에게 시원한 그늘이 되었을지도 모른다. 아니면 밭모퉁이에서 농익은 실한 열매를 달아 지치고 허기진 농부에게 달콤하고 넉넉한 입맛을 채워주었을지도, 가을이면 고운 단풍으로 물들어 멋진 풍경이 되었을 테다. 겨울이면 잎 털어낸 잔가지에 하얀 서리꽃도 피워내겠지. 사철 변하는 계절을 마다하지 않고 자리를 지켜낸 나무가 어쩌다 여기까지 떠밀려 왔을까.

나무의 온몸은 온전할 리 없다. 무성했던 잎은 여태 있을 리 만무하다. 활기차게 뻗었던 가지는 앙상하고, 벗겨진 몸피가 너덜너덜하다. 힘차게 수액을 끌어 올렸던 큰 뿌리마저 말라 제 역할을 잃어버렸다. 그래도 푸른 바다가 곁에 있고, 고운 모래 위에 누웠으니 상처 난 몸뚱이가 그리 서럽지는 않겠다.

강물이 바다를 만나는 곳도 이곳 하단이다. 발원지에서 굽이굽이 흘러온 낙동강 물이 토해낸 퇴적물이 쌓여 만든 작은 섬들이 점처럼 떠 있다. 다대포 바다는 강물을 거부하지 않는다. 언제나 넓은 품 안으로 받아들인다. 을숙도가 가까워질수록 바다는 한결 잔잔해진다. 유장하게 펼쳐지는 풍경을 보며 일렁이는 물길 따라 길을 걷는다. 두어 척의 작은 배가 잔파도에 흔들린다.

낙동강 하굿둑이 생기기 전이다. 강물과 바닷물이 만나는 곳에는 플랑크톤이 풍부하여, 백합 조개와 재첩을 키웠다. 어부들은 많은 물고기를 어획하기도 했다. 모래섬 갈대숲은 온갖 생명체를 품어 주고, 먼 길 날아온 철새들의 보금자리를 내어준다. 서쪽 하늘이 붉게 물들면 노을을 배경으로 하늘을 나는 철새들이 펼쳐내는 군무도 장관이다. 해수를 막아 용수 확보를 위하여 하굿둑을 만들었다. 얻는 것이 있으면 잃는 것이 있기 마련. 이에 따라 생태계의 변화로 재첩은 사라지고 이른 아침 재첩국 장사 아줌마들이 외치던 목소리도 이제는 먼 옛이야기가 되었다.

바삐 서두를 일은 없다. 잘 만들어진 나무 데크길을 따라 을숙도 하구언까지 느긋하게 걷기로 했다. 혼자 걷는 길이 건만 전혀 지루할 틈이 없다. 왜가리 한 마리가 물가에 서 있다. 무리에서 떨어져 홀로 서 있는 모습이 쓸쓸하고 외롭게 보인다. 노을 길을 걷고 있는 나 역시 누군가의 시선에는 저 왜가리와 진배없어 보일 테다. 하지만 바다가 함께하는 노을 길에서 나는 단연코 외로울 수 없다.

길 코스마다 설치한 조형 작품들이 눈길을 끈다. 물살에 떠밀려 온 부유물들을 이용하여 예술작품으로 재탄생시켰다. 그중에서 독특하게 마음을 끌어내는 작품이다. '노을을 사랑하는 의자'다. 작가는 밀려온 나뭇가지를 모아 세척하고 다듬어 바다색인 푸른 물감을 물들였다. 스테인리스 스틸로 만들어진 빨간 의자 틀 속에 파랗게 물들인 나뭇가지를 차곡차곡 채웠다. 새 생명을 얻은 파란 나뭇가지가 마치 일렁이는 파도 같다. 의자 위에는 몇 마리 고니 형상도 앉혀 놓았다. 먼 하늘길을 날아온 고니가 의자에 앉아 붉은 노을을 즐기며 편안한 휴식을 취한다는 표현이다.

문득 백사장 모래에 누워있는 나무가 떠오른다. 짠물에 절인 나무가 소생하여 초록 잎을 틔울 수는 없다. '노을을 사랑하는 의자'처럼, 떠밀려 온 나무도 작가의 손길로 예술작품으로 탄생하였으면 좋겠다. 무엇이든 의미를 담으면 그 이상의 존재가 된다. 예술이란 바로 그런 것이 아닐까. 또 하나 다대포의 멋진 풍경이 되련만.

불덩이 같은 붉은 태양이 서쪽으로 기운다. 사방으로 선홍빛 노을이 끝없이 번져간다. 바다를 향해 열리는 낙동강 하구가 온통 붉은 빛으로 물들어 화려하고 장엄한 풍경을 펼쳐낸다. 백사장에 맨몸으로 누워 있는 마른나무 위로 홍공단 이불이 살포시 펼쳐진다. 나무는 포근한 잠에 든다. 푸른 꿈에 든다.

다대포 노을길에 해가 기운다. 한겨울, 세찬 바닷바람을 맞아 당당하고 단단해진 나도 이제 집으로 돌아간다.

약천사에 들어서다

　　길을 걸었다. 온몸이 지치도록 꾸역꾸역 걸었다. 거칠고 바짝 선 길을 숨 가쁘게 오르고, 아찔한 벼랑길도 망설이지 않고 미친 듯이 걸었다. 첫발을 내디딜 때의 망설이며 공허했던 마음은 느지막이 먼 길을 걸어 올레길 완주증을 받았을 때 성취감으로 나를 채워줬다. 하지만 완주에만 매몰되어 미처 둘러보지 못했던 풍경들이 늘 아쉬움으로 남아 있다.

　약천사라 했다. 푸른 숲 사이로 보였던 세 겹의 팔작지붕 처마가 특이했다. 여인의 버선코처럼 살짝 들려 있는 지붕 모서리와 어디에서도 볼 수 없는 삼층 사찰이라 신기했다. 서귀포 올레 8코스 완주를 목적으로 더 빠른 걸음이어야 했기에 바라만 보고 지나쳤다. 거대하고 수려하게 보였던 사찰을 들러보지 못한 아쉬움이 남아 있었다. 이번에 다시 걷는 올레길에는 기필코 약천사를 목적으로 정했다.

　사찰 주위에는 노란 유채꽃이 넓게 퍼져 화원을 이룬다. 떠나올 때는 아직 겨울을 벗어나지 못했는데 때맞춰 찾아온 이곳에서 거짓말처럼 봄이 온기를 품고 다가올 줄이야. 도착한 경내는 잘 조성된 조경과 앞으로 탁 트인 푸른 바다가 펼쳐진다. 짙은 녹색 나무마다 연등처럼 노란 하귤을 주렁주렁 달고 있다. 하늘을 치솟는 야자수가 둘러서서 호위병처럼 사찰을 지켜낸다. 육지의 깊은 산사와 달랐다. 제주도다운 감성이 일고 동남아에 온 듯한 이국적인 풍경에 매료된다.

　일주문이 없는 사찰에는 듬직한 돌하르방이 양쪽으로 서서 내방객을 맞이한다. 맑은 물이 샘솟는 말간 호수에는 하얀 구름이 유유히 떠간다. 넓은 잔디밭에는 줄지어 선 코끼리가 불자들을 '대적광전' 법당으로 안내하는 임무에 충실하다. 보통 사찰 중앙에는 대웅전이 있지만 약천사 전각에는 진리의 모습을 형상화한 '비로자나불'을 주불로 모셔져 '대적광전'이라 불린다. 법당으로 발길을 옮겨본다. 삼층 천장까지 통층으로 이루어진 법당 내부의 어마한 규모는 가늠하기도 어렵다. 웅장하고 화려하고 엄숙하다. 한가운데는 동양 최대 규모 목조불인 비로자나불과, 좌우에는 청동불인 약사여래불과 아미타불이 모셔져 있다. 불당 뒤로 목각 탱화가 양각으로 조각되어 장엄한 기운이 느껴진다. 법당에 세워진 기둥을 칭칭 휘감고 오르는 황룡과 청룡 두 마리가 여의주를 부처님께 공양한다.

　그때의 상황이 그랬다. 다급한 마음에 달려가 백팔배로 무릎을 꿇었다. 사경을 헤매는 그를 살려달라고 통사정하며 애원하고 매달렸다. '지성이면 감천이라' 했건만 내 정성이 지극하지 못했는지. 이제야 돌이켜보니 억지 부리며 원망했던 그때가 민망스럽긴 하다. 나를 바라보던 부처님 참 황당하였겠다. 황금빛을 찬란하게 발하는 거대한 부처님이 지긋한 눈빛으로 나를 내려다본다. 비로자나불 앞에 선 나는 얼마나 미약한 존재인가. 저절로 두 손이 모아지고 머리가 숙어지고 한없이 작아지고 또 작아진다.

고귀하고 섬세한 단청이 시선을 잡는다. 여러 사찰이나 궁궐 전통 한국 목조건물에 굵직하고 화려한 색감으로 그려진 단청은 스치듯 했지만, 내 눈길을 붙드는 약천사 단청은 다르다. 자잘한 무늬 하나하나마다 구성이 세련되고 채색된 색조가 튀지 않는다. 전통적인 품격을 잃지 않으면서 정교하고 우아한 품격으로 은은하다. 거대한 건물에 겹겹의 처마의 서까래, 법당 안팎으로 어느 한 곳도 허술하지 않고 빠짐없이 입혀놓았다. 세밀하게 그려놓은 단층이 바라볼수록 경이롭다. 사람의 손길로 그려진 것은 분명하건만 도저히 믿어지지 않는다. 신의 손이라 여겨질 정도다.

제주도 풍광은 계절을 가리지 않는다. 저마다 색깔을 드러내는 노란 유채와 밀감, 붉게 피는 동백꽃, 하얀 메밀밭, 무성한 곶자왈 숲, 청록의 하늘과 바다, 검은 현무암까지다. 자연 그대로 오롯이 옮겨놓은 듯한 약천사 단청은 전창우 단청장이 있었기에 가능했다. "신명을 바쳐 완성해 보이겠다."고 했던 그는 무리했던 탓일까. 단청을 완성하고 일 년 후에 쓰러져 영영 회복을 못 했다고 한다. 내 생각으로는 세상 어떤 유명 예술작품에 비해도 최고의 가치가 느껴지는 명작이라 여겨진다.

예술가들은 작품 세계에 빠지게 되면 건강을 살피지 못한다. 무리한 탓으로 몸이 망가지게 되고 끝내 생을 마감하는 경우도 있다. 단청장 그도 그랬다. 아무나 그릴 수 없는 단청이라 여겨져 아쉬움이 크게 다가온다. 지독하다 싶은 열정으로 몸을 혹사하고 영혼을 바쳐 작품을 탄생시키는 것이 예술가의 집념이 아닌가 싶다. 파란 하늘 아래 초록 숲이 어우러진 약천사 단청은 그가 남겨놓은 필생의 역작이라 여겨진다.

목재의 갈라짐과 훼손과 충해를 방지하고 표면에 나타난 옹이와 흠집을 감추기 위해 여러 가지 염료로 다양한 무늬로 단청을 그린다. 하지만 건물의 위계와 장엄함을 드러내기 위한 것으로 보인다. 사람의 생도 그렇다. 완벽한 생이 어디 있을까. 누군가의 눈길을 받으려 화려한 옷을 입고 요란한 액세서리로 치장하고 속내를 숨기려 헛웃음을 웃는다. 더러는 그렇게 살아내야 하고 누군가는 그렇게 살 수밖에 없다.

팔만 부처가 모셔져 있는 이층 계단을 오른다. 정성을 담아 작은 만다라 인등 하나 불 밝힌다. 불 켜진 인등이 봄꽃인 듯 만개한다. 사찰을 나오는 길옆 나무마다 귀한 글귀를 걸어두었다. '산은 구름을 붙들지 않네. 강은 굴곡을 탓하지 않네'라고 적은 놓은 글을 읽는다. 왜 힘든 고통은 나에게만 주어졌을까. 원망하고 탓했던 마음도, 아직도 잊지 못한 아쉬운 인연도 지우고 날려 보내고 흘려보내야겠다. 시시때때로 들추어 아파하는 내 못난 성정까지도 함께.

남아 있는 내 삶에도 바래지지 않는 오방색 단청으로 채색하고 싶다. 제주도 대자연과 어우러져 멋스러움을 배가시키는 약천사 단청 물을 묻히려, 마음이 번잡해져 평온함을 얻고 싶은 날에는 가끔 오고 싶다. 극락도량 약천사 대적광전으로. 다시 발길을 내딛는다. 남은 길을 걷는다.

푸른 그리움을 붓질하다

김환기 화백의 생가를 보게 된다니 심장이 고동친다. 육지에서 신안 안좌도로 가는 긴 다리를 지나는 동안 작은 섬들이 점처럼 떠 있다. 오래전에 관람했던 점화의 모티프가 바로 저 풍경이었을까. 세계적인 화가가 태어난 곳도 내가 태어나 자랐던 섬과 별반 다르지 않다. 익숙한 풍경에 마음이 끌려간다.

약간 언덕진 곳에 자리한 유명 화가가 태어난 옛 고택은, 보기에도 부를 누렸을 옛 가문의 품격이 그대로 느껴진다. 마당에 서니 작은 마을이 한눈에 들어온다. 눈 아래 펼쳐진 마을은 순수했던 옛정서가 그대로 남아 있는 듯하다. 툇마루에 걸터앉아 바라본 탁 트인 풍경은 오랜만에 찾아온 고향 집처럼 포근하고 정겹고 따스하다. 여기저기 작가의 흔적을 느껴본다. 그는 이 툇마루 어디쯤 앉아서 쪽빛 바다와, 울창한 소나무 숲과, 밤하늘에

160　청색 머플러

김녕해수욕장에서_6F_2024

푸른 그리움을 붓질하다 161

총총한 별빛을 바라보았을까. 그 시절 작가의 날들을 상상해 본다.

오래전, 김환기의 점화 '어디서 무엇이 되어 다시 만나랴'의 200호 거대한 그림을 관람한 적이 있다. 화폭에는 작가가 수없이 붓질한 점들이 밤하늘 은하수가 흐르듯 번져있었다. 그가 즐겨 그린 한국적인 소재는 달과 백자, 매화와 여인, 나무나 사슴 등이다. 그랬던 그가 식별이 가능한 모든 대상물을 생략하면서 작은 점으로 과감하게 축소했다.

김환기 그림에는 미묘한 청색이 많다. 같은 기법으로 노랑과 빨간색 그림도 있지만 달항아리, 산월, 섬, 화실, 새 등 대부분은 맑은 푸른색이나 짙은 청색으로 붓질되어 있다. 화가는 꿈속에서도 그리워했던 고향 바다와 하늘색에 다시는 만날 수 없는 얼굴들을 하나하나 점으로 채워 큰 화폭을 완성했다. 그리움과 삶, 그리고 자연이 온통 점이 되어 예술로 승화시킨 것이다. 독창적인 작화 기법으로 자신만의 시간을 새겨놓은 추상화는 먼 우주 속으로 빠져들게 한다.

추상화는 난해해서 이해와 해석이 어렵다. 그러나 부드럽게 번지고 스미는 그의 점화는 다르다. 여름밤 평상에 누워 밤하늘에 빛나는 별들을 헤아려 보았다면, 또한 긴 꼬리를 남기며 떨어지던 유성을 본 사람이라면 쉽게 이해한다. 무수한 별빛이 부유하는 그림도 분명 작가의 붓끝으로 그려냈을 텐데 볼수록 경이롭고 신비롭다. 그러면서 왠지 외면할 수 없는 고통이 내게로 전해진다.

그림을 그리는 가족을 두었기에 큰 울림과 충격으로 다가온다. 내 아들도 저기까지 닿을 수 있을까. 독특한 세계를 인정받은 그림 앞에서 부러운 마음이 앞선다. 그렇지만 작가의 행적을 떠올려보면 부러움을 가질 수

만은 없다고 여긴다. 더 치열해야 하고 더 앞서가야 하는 것이 예술의 세계인 것을.

　내 나라에서 창작하기도 얼마나 고통스럽다는 것을 잘 안다. 김환기는 편안하고 안정된 생활이 보장되는 직을 버렸다. 낯설고 물선 타국에서 숱한 고생을 마다하지 않았다. 창작의 고통은 아무리 말을 한다고 해도 누구든 이해하기가 쉽지 않다. 더구나 평범하게 살아가는 일반 사람들이라면 더욱더 그럴 게다.

　세상에 그냥 얻어지는 것이 어디에 있을까. 김환기 화백의 예술세계를 세상에 우뚝 세운 부인의 내조가 있어 가능했다. 그녀에게는 남편을 위한 불가능이 없었다. 예술과 생존 두 가지 싸움을 모두 이겨내며 화백의 성공을 앞에서 이끌었다.

　작가를 밀고 가는 그녀의 능력으로 김환기 화백은 창작의 본고장인 파리와 뉴욕에서 자기 세계를 구축해갔다. 화가의 사후에는 '환기재단'과 '미술관'을 설립하여 남편의 예술세계를 알리는 데 그녀의 몫이 컸다. 그녀의 진정한 역할은 예술의 협조자라 말한다. 아무나 내조할 수도, 견뎌낼 수도 없는 것이 예술가의 아내다. 며칠 전 부산 아트페어 행사가 열렸다. 변화하고 있는 세계미술의 흐름과 작가들의 감성을 느끼게 하는 다양한 작품 세계를 감상했다. 유명작가들의 번쩍이는 독특한 그림들이 눈길을 당겼다. 기존 미술의 질서를 파괴하는 우리나라 젊은 작가들의 기발한 창의적이고 신선하고 대담한 작품들도 볼 수 있었다. 간혹 만화 캐릭터 같기도 하고 유치원생이나 초등학생이 그린 듯한 동화 같은 그림들도 그만의 예술작품이 되어 관람자에게 즐거움을 주었다.

푸른 그리움을 붓질하다

김환기는 사실적 양식이 추세였던 시대에 어떻게 점화를 그렸을까. 앞서갔던 그의 실험 기법이 감탄을 자아내게 한다. 나는 추상화를 선호하지 않지만 꼭 그림을 이해하지 않아도 된다. 화가라면 당연히 자신을 대표할 수 있는 유일한 그림이 있어야 한다는 것쯤은 안다. 그래야만 진정한 예술가로 당당하게 오래 설 수 있으리라.

볕살이 낱낱이 찾아드는 화가의 고택이다. 툇마루에 앉아 있건만 마음이 듬성듬성 아쉬움이 이는 까닭은 왜일까. '고생하며 예술을 지속하는 것은 예술로 살 수 있는 날이 있을 것을 믿기 때문이다.'라던 김환기 화가와, 언젠가 세상이 바뀌어 사랑하는 남편에게 좋은 앞날이 오기를 기다렸던 여자. 김환기 김향안 부부의 삶이 절절하다. 어쩜 우리 부부의 지난 삶과 별반 다르지 않다. 그렇다고 해도 화가의 아내로 더 적극적이지 못했던 지난 탓에 아쉬움과 회한만 가득하다. 다시 지금은 화가의 어미로 살아내야 할 날들을 짐작한다.

이런저런 상념을 접고 일어선다. 정해진 오늘 일정을 따라야 한다. 툇마루에서 일어나 축담을 내려선다. 마당에 서서 푸르름이 짙어가는 산과 들녘, 푸른 하늘빛과 닮아있는 안좌도 바다를 바라본다. 섬 풍경은 청록색 물감을 덧칠한 거대한 캔버스 같다. 그 캔버스 위에 나도 하나하나 그리움을 찍어본다.

죽을 때까지 고향 마을을 그리워했다는 김환기 점화는, 오로지 푸른 그리움의 붓질이었다.

마음에 봄날이

  지인이 일찍 핀 홍매화 사진을 보내왔다. 가지마다 막 꽃잎을 터트릴 구슬 같은 붉은 망울을 조롱조롱 달고 있다. 해마다 홍매화가 필 즘이면 막연히 가슴 설레게 할 뭔가를 기대하게 된다.
 누구라도 생애 최고의 봄날을 꿈꾸며 삶을 살아낸다. 나에게 봄날은 언제였을까. 그런 날이 있기나 했을까. 현재 살아내고 살아갈 남은 날들을 봄날처럼 살 수는 없을까. 까마득한 지난날들을 되짚어 본다. 희한하다. 이제 와서 나를 미소 짓게 하던 날들이 어렴풋이 보이는 게 아닌가. 다만 힘들다는 생각만으로 그 순간들을 느끼지 못했을 뿐이다. 그러고 보니 생을 살아낸다는 것은 마음먹기에 따라 따스한 봄날일 수도 서리 찬 삼동일 수도 있겠다. 그런데 나는 온통 허허로운 생각만을 채우고 살았을까.
 아무런 고통 없는 삶이 어디 있을까. 세상살이가 내 마음대로 좋은 시절에 좋은 일만 골라 살 수는 없을진대, 네 식구가 함께 아등바등 살았던 그때가 왜 이렇게 그립게 되고 호시절로 느껴질까. 가버린 세월이 놓쳐버린 꿈처럼 허전하고 잠깐 꾼 춘몽처럼 아쉽기만 하다.

 그림을 보관해 두었던 곳을 급히 비워 줘야 했다. 갑작스러운 일이라 안전하게 보관해둘 장소 찾기가 힘들다. 임시로 아들 화실 이곳저곳에 공간을 마련하고 작품들을 옮겨와 정리를 해 두었다. 소품들은 집의 방 한 칸을 비워 따로 보관하기로 했다. 그러는 며칠 동안 정신적으로 육체적으로 힘들었다. 더구나 아들이 아버지 그림을 이리저리 정리하며 애쓰는 모습도 짠했다.

 무리했던 탓이었나 보다. 평소와 달리 머리가 무겁고 핑 돌며 어지럽다. 오랫동안 두통약을 달고 살았으니 불안은 더한다. 늘 머릿속이 맑지 않고 안개가 낀 듯 먹먹했다. 요즘 들어 소소한 일들을 깜빡깜빡하지 않은가. 아무래도 이상이 생긴 게다. 찾아뵌 주치의는 하루 동안 입원으로 뇌와 혈관 검사를 하잔다. 입원이라는 말이 마음을 불편하게 하지만 어쨌거나 하루를 살아낼 필요한 것들을 챙겨 병원으로 갔다. 패션을 중요시하는 내가 어쩌다 후줄근하게 느껴지는 환자복을 입게 되었다.

 영상의학과 앞에 앉아 초조하게 순서를 기다린다. 막 촬영을 끝낸 체구가 아주 작은 할머니가 나왔다. 아들 부축을 받아야 겨우 발을 떼는 처지다. 씰룩이는 얼굴도 많이 불편해 보인다. 그 곁에 시중드는 아들 역시 칠순이 넘은 듯하다. 탈의실에 모시고 가더니 옷을 단정하게 챙겨 입히고 더딘 발걸음을 맞추어 조심스럽게 걸어 나온다. 어쩜 두 모자의 얼굴이 닮아도 너무 닮았다. 어머니를 살갑게 챙겨주는 아들 행동에 시선을 떼지 못하던 사람들이 소리 없는 웃음을 웃는다. 지극 정성으로 보살펴주는 효자 아들이 있어 어느 노인보다 편안해 보인다.

"저도 치매 친정어머니를 모시고 있지만 내 부모라도 저렇게 효도하기는 어렵지요."

함께 바라보던 여자분이 하는 말이다. 치매 간병의 어려운 속내를 살짝 내비친다. 부모 간병에 힘들고 지쳐 한순간 잘못된 생각으로 저지른 얄궂은 보도를 간혹 보게 된다. 그래서인지 모자의 모습에 더한 감동이 이는지도 모른다. 저 할머니의 지난 삶을 내가 알 리는 없다. 하지만 천천히 멀어져 가는 두 사람의 뒷모습을 바라보니 '사람이 꽃보다 아름다워'라는 노래가 저절로 떠오른다. 어떤 꽃으로도 대신할 수 없는 저 고운 모습, 사람이 꽃보다 아름답다 노래한 이유를 알겠다.

기계 속에 누워 촬영하는 동안 둔탁하게 반복되는 기계 소음이 겁먹은 환자를 더욱 주눅 들게 한다. 불안해하면서 필요한 검사를 모두 마쳤다. 담당 선생님이 퇴근도 않고 기다린다는 간호사의 전갈을 받았다. 서둘러 진료실에 갔다. 선생님은 먼저 화면으로 촬영된 뇌 사진을 올려 찬찬히 실핀다. 연세에 비해 십지 않은 깨끗한 상태라며 한빠 미소를 지으신다. 그러면서 컴퓨터 화면을 내가 볼 수 있는 방향으로 돌려 호두 모양의 뇌 사진을 보여 준다. 뇌혈관 역시 불그레한 산호처럼 잔가지가 잘 뻗어 있다. 의사 선생님은 친절하게 내 머리의 현 상태를 설명하며 느긋하게 나와 화면을 번갈아 바라본다. 검진 결과를 듣는 순간 언제 내 머리가 아팠느냐는 듯 가볍고 맑아진다.

빈빈 가는 길_수필 소묘_2024

그래, 모든 것은 마음먹기에 따라 온통 봄날일 수 있겠다. 입원할 때 초조하고 불안했던 것과 달리 퇴원하는 발길이 봄 나비 날 듯 가볍다. 폰을 연다. 홍매화가 전해주는 소식에 답신을 보낸다. 살바람에도 봄기운이 솟는다.

제4부

애완어魚

돌, 예술이 되다

설원에 오르다

동행

햇살을 채우다

그림이 그립다

아들과 걷는 길

회귀回歸

우도봉 등대

암초꽃

Green Apple_33.4 × 53.0_2022

애완어 魚

　내가 그리 모진 사람은 아니다. 마음이 변했다거나 싫증이 나서도 아니다. 저들의 지나친 사랑놀이가 못마땅해서는 더더욱 아니다. 여린 내가 오죽했으면 이런 결단을 했을까.

　내 발길 소리에도 반갑게 몰려들던 것들이다. 물속을 휘젓는 뜰채를 보고 영리한 이것들이 단박에 눈치를 챈 모양이다. 깜짝 놀라 수초 속으로 잽싸게 몸을 숨긴다. 수시로 빠끔히 얼굴을 내밀어 뜰채의 방향을 주시한다. 다급해진 아가미의 벌렁대는 숨소리가 들리는 듯하다.

　내가 굳이 이런 일을 벌여야만 하는 이유가 있다. 시도 때도 없는 저들의 사랑놀이에 암컷들의 연이은 출산 때문이다. 횟집 수족관 크기는 아니지만 암튼 가정집 어항치고는 제법 큰 편이다. 늘어나는 숫자가 실로 과부하 상태다. 분양하고 싶지만 애정을 갖고 키워볼 만한 분을 찾기란 쉽지 않다. 암수를 강제로 분리시키는 못할 짓거리까지 해봤지만 부질없다. 암컷은 짝짓기를 한 후 체내에 수컷의 정자를 모아두기 때문에 저장해둔 씨앗으로도 최대 세 번의 출산이 가능하다는 사실을 알았다.

구피는 관상을 목적으로 키우는 열대어다. 형형색색 빛깔과 다양한 무늬로 어항 속을 노니는 모습을 바라보는 즐거움이 있다. 갑자기 주어진 상실의 고통은 스스로 감내하기 힘들었다. 그럴 때 언니가 키워보라며 구피 몇 마리를 가져다주었다. 관리가 까다롭지 않고, 색깔이 예쁘니 기르는 재미가 있다고 했다. 그런 구피와 이처럼 오래도록 함께할 줄은 몰랐다.

치어는 출산하자마자 어미와 분리한다. 자신이 금방 낳은 꼬물거리는 새끼를 날름 잡아먹는 끔찍한 순간을 목격했기 때문이다. 잔인함에 몸서리를 치고 오만 정이 뚝 떨어졌다. 하지만 집중하여 지켜낸 치어가 색색의 지느러미를 펼쳐내는 성어가 되어 유영하는 모습을 볼 때면, 어느새 구피의 비정함은 잊게 되고 신비스러운 물속 세상에 빠져들게 된다. 그동안 구피 출산 도우미 경력을 미루어 본다면 아마 전문가 수준을 능가하지 싶다.

수컷들은 현란한 몸짓으로 암컷을 유혹한다. 사랑의 몸짓은 절대 느슨하지도 딴눈을 파는 변심도 없다. 오로지 한 놈의 암컷에게만 집중한다. 끈질긴 구애의 춤은 멈춤이 없다. 포기를 모르는 사랑의 몸짓이다. 그러니 암컷들은 임신으로 늘 배가 빵빵하게 부풀어있다. 누가 저들을 생각 없는 물고기 사랑이라 감히 말할 수 있겠는가. 불륜을 저지르고도 부끄럼을 모르는 뻔뻔한 사람을 티브이 화면에서 보았다. 인간이지만 한결같은 물고기 사랑법이라도 배웠다면 하는 안타까운 마음이다.

　물고기의 생이 보인다. 귀엽고 앙증맞은 어린 시절이 있다. 끓어오르는 열정을 주체 못 하고 분별없이 설쳐대는 젊음도, 무슨 영화를 누릴 것도 아니건만, 종족 번식을 위한 출산으로 지쳐가는 암컷들의 기진맥진한 모습도 보인다. 선천적 기형으로 육신이 불편해 바닥에만 엎디어 살아가는 처절한 고통과, 삶의 끝자락에 칙칙한 몸빛으로 처져가는 늙음도 본다. 구피도 생로병사에는 자유롭지 못하다. 열대어라면 따뜻한 나라 넓은 강에서 살아야 했다. 어쩌다 이역만리 타국의 어항 속에 갇혀 사람들의 눈요깃감이 되었나 싶다. 운명이란 게 물고기에게도 있는 것 같다.

　시시때때로 물속 세상을 바라본다. 나의 애완 구피들이 유영하는 모습이 무지갯빛으로 찬연하다. 설치된 여과기에 흐르는 물소리가 마치 깊은 계곡에 쏟아져 내리는 물처럼 청아하다. 어항을 배경으로 베란다 애완식물들도 초록으로 무성하다.

　세상살이 마음먹기에 달렸다고 하지 않던가. 영험한 깊은 산속이 아니더라도, 웅장하고 기이함은 없어도 나 혼자 누리는 이 아늑함이 나만의 낙원임에는 틀림이 없다.

　구피가 베풀어준 위안이 크다. 저들이 아니었다면 무료하고 삭막했던 그 많은 시간을 어떻게 견뎌냈을까. 하지만 불어나는 물고기 감당은 당최 힘들기만 하다. 한 번에 이삼십 마리 치어를 낳는데 그중 수놈은 겨우 한두 마리 있을까 말까다. 암놈은 몸집이 크고 수놈처럼 지느러미가 넓지도 색감이 예쁘지도 않다. 개체 수가 늘어나니 먹성 역시 대단하다. 자연히 배설이 많아 수질 또한 쉽게 탁해진다. 일요일마다 큰 어항 청소하기란 여간 힘든 일이 아니다.

  단골 수족관을 찾아갔다. 사장님은 물고기를 기르고 싶어 하는 어린이들에게 나누어 주면 된다고 가져오란다. 내 손에 쥔 뜰채 움직임보다 더 빠른 어항 속 물고기를 잡기란 쉽지 않다. 위기를 눈치채고 요리조리 피하는 구피와, 뜰채를 휘두르는 나와의 전쟁이다. 세 시간쯤 걸려 암놈을 한 놈도 남김없이 시원하게 소탕했다.

  들통 한가득 담은 구피를 무겁게 들고 수족관에 들어섰다. 지켜보던 사장님은 '어째 전부 암놈이네요.' 한다. 어쩐지 요즘에는 암놈만 낳고, 색깔도 모양도 한 가지로 단조롭고, 더구나 허리가 휘어지는 기형이 많다는 내 경험을 이야기했다.

  사장님은 사람의 예를 들었다. 이유는 근친혼이란다. 근친혼은 면역체계가 흐트러져 질병에 대한 저항력이 상실되어 기형아가 태어날 수도, 유전병에 걸리거나 정신지체아가 태어날 확률이 매우 높다고 한다. 오랫동안 한 수족관의 물고기도 당연히 대를 이은 근친 교배를 할 수밖에 없으니, 유전적으로 한 가지 모양과 색이 될 수밖에 없고, 당연히 기형 물고기가 태어난다고 했다.

  그런 것을 방지하려면 다른 색깔의 물고기를 수시로 투입해서 유전 체계를 변형시켜야 한단다. 물고기도 종족 위기의식을 느끼게 되면 암놈의 개체 수를 늘린다고 한다. 요즘 우리나라도 저출산으로 심각하듯이, 암놈을 낳아 번식하려는 물고기 세계 역시 다르지 않다. 자연의 생태계란 참으로 오묘하다.

  복작거리던 어항이 헐빈하다. 한결 여유로워진 물속이다. 남은 구피들이 지느러미를 펼쳐낼 춤사위는 더 찬란하고 황홀하리라 생각했다. 그런데 어항 속 수컷의 몸놀림이 달라 보인다. 방향을 잃고 갈팡질팡 허둥대는 몸짓이 느껴진다. 단박에 알 수 있는 저 허허로움을. 구피들의 사랑놀이에 인간인 내가 너무 모질었나.

돌, 예술이 되다

제주도만큼 돌 문화가 발달한 곳이 또 있을까 싶다. 그곳에는 돌이 풍경이 되고, 역사가 되며, 신이 되기도 한다. 사람들은 신비한 형상들을 넋을 놓고 바라본다. 자연이 빚어놓은 풍경을 두고 말들을 하게 된다. 도저히 사람의 손으로 표현할 수 없는 신이 만들어 놓은 예술작품이라 여기기도 하며 감동하고 감탄한다.

발간한 2집에 올려진 대부분 글은 올레길을 걸으며 보고 느낀 것들로 채워졌다. 내 글을 읽은 어느 선생님이 아끼던 작은 수석 두 점을 보내왔다. 제주도를 감성적으로 잘 그려내어 준 감사 인사라고 했다. 수석을 좋아하는 사람들이 그렇듯이 자식처럼 귀하게 여기던 돌이라고 한다.

요즘 들어 돌이 미술 재료로 급부상한다. 봐도 그만 안 봐도 그만인 자연의 일부였던 돌도 예술작품이 되는 것이다. 미술 작가에게 선택되어 가치관을 획득하게 되면 의미가 달라진다.

　미술관 관람을 하러 갔다. 들어서는 입구 잔디밭에는 돌멩이 몇 개와 묵직한 철판이 설치되어 있다. 단순하게 보이는 작품이 추상적이고 모호하다. 고개를 갸우뚱거리며 전시실로 들어섰다. 전시실 벽에는 한 번의 붓질도 없는 하얀 캔버스가 걸려 있고 바닥에도 역시 돌 하나가 놓여 있다.

　돌을 쪼아 의도하는 형태를 표현하지 않았다. 돌이 사물을 닮았다거나 또한 모양이 예쁘다든가 특이한 색상도 아니다. 다만 작가가 한 것은 흔하게 보거나 무심하게 지나쳤을 두리뭉실한 돌 하나를 주워 와 철판 위에 올려놓았다. 흔하디흔한 것이 돌멩이가 아닌가. 어느 후미진 곳에 있던 돌이었을까. 자연 속에 있었던 순수했던 한 개의 돌을 옮겨다 놓은 듯하다. 저 돌은 언제 누구의 관심 어린 시선을 단 한 번이라도 받아봤을까. 그랬던 돌이 미술가의 작품이 되어 관람자들의 눈길 세례를 받고 있다.

　돌이란 수백 년, 몇 억 년의 시간을 머금고 있는 자연물이다. 누군가 옮겨주거나 비바람에 서 있는 자리가 무너지지 않는 한 요지부동이다. 뿌리기 박힌 한 곳에서 묵묵히 제자리를 지켜낸다. 어느 곳의 멋진 풍광이 되기도, 나그네가 지친 발길을 멈추고 걸터앉아 편안한 휴식을 취했을 수도 있다. 으슥한 길모퉁이에서 한 번쯤 급해진 사람의 방뇨 받이가 되었을지도 모른다. 미술관에 가져다 놓은 돌이 내 눈에는 그렇게 보였다.

　캔버스에 여러 물감으로 열심히 붓질하여 표현하는 것이 그림이고, 돌이나 나무, 쇠를 깎고 다듬어 형상을 만드는 것이 조각 작품이 되겠다. 주어진 공간에 오브제로 작가의 의도에 따라 구성하여 장치하는 설치미술이 그럴 것이다. 더구나 세계적으로 명성을 크게 얻고 있는 작가의 작품이 아닌가. 너무 쉽게 보이는 설치미술인데 이해하기는 어렵고도 난해하다. 내가 작품이 된 돌의 의미를 생각하는 것은 거기까지였다. 결국 아들에게 이해를 구했다.

그동안 캔버스를 채우는 그림만 봤으니 작품을 이해하기가 힘들 거라고 했다. 요즘은 애써 그림을 그리고 힘들게 조각을 하는 것이 아니란다. 작가가 전혀 개입하지 않아도 누군가의 상상력으로, 아이디어로 먼저 제시하게 되면 그것은 그 작가만의 예술작품이 되는 것이고 현대미술의 추세라고 한다. 작품을 바라보며 감상하는 것은 관람자의 몫이니 찬찬히 바라보며 나름대로 의미를 잘 새겨보란다.

대리석 조각가 미켈란젤로는 조각 재료가 되는 돌을 보는 순간 그 안에 있는 어떤 형상을 읽고 그대로 깎아 조각한다고 했다. 작가의 작품이 된 저 돌도 무슨 의미를 담고 있을 것 같았다. 내 나름으로 돌의 자취를 더듬어 추적해본다. 어느 곳에서 어떤 자리에서 그 많은 세월을 스쳐 보냈을까. 태풍과 폭우로 겪어낸 아픔은 또 얼마였을까. 작가는 선택한 돌에서 무엇을 느끼고 보았을까.

누구라도 그렇듯이 떠나온 안태고향은 작은 돌 하나, 나무 한 그루라도 마음에 품고 산다. 작가는 산골에서 자랐던 어린 시절을 그리워했던 걸까. 나 역시 전시된 돌을 보니 예술적인 의미보다 고향이 생각나고 옛 친구를 만난 듯 친근감이 든다.

돌로 만들어 남겨 놓은 유적지는 선조들의 예술성을 볼 수 있는 자랑스러운 문화유산이다. 바닷가에나 등산길에서 흔하게 보는 돌탑은 누군가의 마음을 모아놓은 소망 탑이고 화를 막는 신앙적 대상이다. 예로부터 사람들은 돌담을 쌓아 바람을 막고, 길고 높은 성을 쌓아 왜적의 침입을 막았다. 흐르는 샛강에는 징검다리를 만들었고, 바닷가에서 주워 온 예쁜 조약돌은 추억의 상징으로 간직하게 된다. 언제나 우리 삶 속에서 영원히 같이하는 것이 돌이 아닌가.

　보내준 귀하디귀한 돌을 선뜻 내어준 고마움에 거실 탁자 위에 두고 시시때때로 바라본다. 올레길에서 보았던 벼랑 아래 해식 동굴이 선명하게 다가온다. 현무암 천길 벼랑을 치받는 파도 소리가 들린다. 거칠게 불어오는 바람에 깎이고, 끝없이 밀려오는 파도에 다듬어진 수많은 형상이 스쳐 지나간다.

　현실이 어렵다고 탓할 일은 아니다. 자연 속에 섞여 있던 순수한 돌도 선택받아 명성을 얻게 되는 미술작품이 되듯, 돌처럼 제자리에서 묵묵하게 살아낼 일이다. 언젠가 기회는 주어지는 것이라고 거장 이우환의 작품이 말을 걸어온다.

설원에 오르다

눈이 귀한 부산이다. 폭설로 뒤덮인 하얀 풍경 보기는 어렵다. 올겨울에도 눈 내리는 날을 못 보고 지나가나 싶었다.

아들은 계절 중에 최고로 꼽는다는 한라산 겨울 설경을 그려보고 싶어 했다. 하지만 일정과 변덕스러운 제주도 날씨를 맞추기란 쉽지 않았다. 행여 폭설이 내리고 세찬 강풍이라도 불어 비행기 운항이 정지된다면 아들의 일정이 큰 낭패를 볼 수 있다. 겨울 끝자락 이월 말쯤 며칠간의 여유가 생겼다. 떠나기 전날 한라산에 때늦은 폭설이 내렸다는 일기예보다. 다행히 눈 구경은 할 수 있고 일정에도 별문제는 없었다.

거창하게 먼 여행을 계획했던 일은 없다. 몇 발짝 안 되는 곳이라도 내가 누릴 수 있는 만큼이면 족하다. 그것마저 이런저런 형편을 계산하며 따져보고 습관처럼 이다음, 나중이라고 미루었던 것들이 어디 한두 번이었던가. "사람이 해본 것보다 못해 본 것에 더 후회하게 된다."는 것이다.

아무것도 아무 짓도 할 수 없는 날들의 연속이었다. 손가락 하나 움직이기 싫었다. 이러다가 더는 중요하지 않은 사람처럼, 언젠가 존재하지 않을 것 같은 긴장감이 조여 왔다. 그런 나에게 아들이 농담처럼 슬쩍 던져준 말이다. 나중에, 라고 미루지 말아야 했었다. 그랬다면 지난날들이 조금은 덜 아쉽고, 덜 아프고, 덜 미련이 남았을 테다. 백 번을 생각해도 맞는 말 같다. 무기력해진 몸을 얼른 일으킨다.

흰색 옷을 즐겨 입는다. 겨울이면 펑펑 내리는 함박눈이 좋고, 화려한 색으로 피워낸 꽃보다 길섶의 하얀 민들레나 흰 제비꽃에 눈길이 오래 머문다. 얼마 전에 장만한 부엌 식기들도 우윳빛처럼 뽀얀 사기그릇이었다. 어떤 색깔보다 때 묻지도, 꾸미지도 않은 깨끗하고 순수하게 보여서다. 순백의 설산을 올라 보자는 아들 말에 더 이상 군말이 필요하지 않았다.

도착한 다음 날. 병풍바위와 오백장군의 전설이 깃든 영실코스 탐방로 입구에 내렸다. 마침 제주 한 달 살기 중이라는 아주머니를 만났다. 일주일에 두 번은 백록담에 오르고 나머지는 영실코스를 오른다고 했다. 특히 영실코스는 오를 때마다 풍경을 보는 느낌이 다르고 기암절벽이 기막히단다. 그녀의 말을 들으니 영실코스 오르기는 아주 잘한 결정 같다. 올려다보는 한라산은 겨울옷을 두툼하게 차려입었다. 처음으로 도전하는 눈꽃 산행이다.

들어선 탐방로 입구에는 울창한 나무들이 키를 훌쩍 높인다. 새하얀 눈 사이를 비집고 내민 조릿대 초록 잎이 청량감을 더한다. 화산 폭발로 흘러내린 용암이 헤집어놓은 험한 계곡 다리를 건너, 울퉁불퉁 현무암 좁은 돌길 끝에 서니 절벽 계단이 꼿꼿하게 자세를 세운다. 날카로운 바위들이 기세 좋게 솟아 있다.

  처음 내딛는 발길은 가벼웠다. 한참 오르다 보니 점점 속도 내기가 어렵다. 거세게 몰아치는 칼바람은 한순간 나를 벼랑 아래로 밀어 버릴 것 같다. 끝을 알 수 없는 바짝 선 된비알 계단은 한 발짝 올려놓기가 버겁다. 태산 같은 높이가 밀려오는 큰 파도처럼 느껴진다. 다행히 좌우로 설치된 밧줄이 위험한 벼랑길에 안전을 지켜준다. 젊은 청년이 아찔한 절벽 계단을 요리조리 날다람쥐처럼 가볍게 뛰어 앞서간다. 나도 한때는 날다람쥐라 불리던 시절이 있었건만. 만약 산을 오를 수 있는 나이를 제한한다면 나는 분명히 한계를 뛰어넘는 불법 횡행이 되겠다.

  고도가 높아질수록 하얀 풍경을 더한다. 날씨는 죽 끓듯 그야말로 변덕스럽다. 에는 듯 매운바람에 온몸이 움츠러진다. 때때로 뿌옇게 눈발을 뿌려 발길을 더디게 한다. 몰려온 운무가 산허리에다 꼼짝 못 하게 나를 가둔다. 다행히 세찬 바람이 운무를 밀어 가고, 하늘도 잠시 문을 열어 가녀린 햇살을 내려준다.

  산 중턱쯤 올라왔을까. 발길을 멈추고 올랐던 벼랑길을 되짚어 본다. 울창한 숲을 뚫고 우후죽순처럼 치솟은 괴석, 파도처럼 물결치는 산줄기, 그 아래로 먼 서귀포 바다가 아늑하게 펼쳐진다.

  지척에 마주하는 병풍바위는 경이롭고 놀라운 비경이다. 이대로 서서 몇 날을 바라본다 해도 지루하지 않겠다. 이렇듯 살아낸 생도 편안하게

한라산 영실 수채화_2024

되돌아볼 수 있는 삶이었다면 얼마나 좋았을까. 힘겹게 살아낸 지난 삶도, 벅차게 올랐던 벼랑길도, 막힘없이 펼쳐내는 풍광을 볼 수 있어 무겁던 몸이 가벼워지고 가빴던 숨이 편안해진다.

주목과 구상나무 군락지다. 기후 변화를 견뎌내지 못한 고사목이 허연 뼈처럼 앙상하다. 온갖 풍상에도 꼿꼿하고 도도하게 서 있다. 아주 오래된 옛 무덤에서 발굴된 나무 관棺이 주목이었다고 한다. 같이 땅속에 들어갔지만, 인간의 흔적은 사라지고 나무 관만 원형 그대로 남아 있었다고 한다. 그리고 강원도 정선 두위봉에 위치한 주목은 수령이 천사백 년으로 추정된단다. 우리나라에서 가장 오래 살고 있는 나무다. '살아 천년, 죽어 천년'이란 말이 결코 빈말은 아니다. 그러고 보면 사람의 생이란 찰나에 불과하다. 아웅다웅 짧은 우리네 삶이 참 부질없다 싶어진다.

구상나무 가지에 엉겨 붙은 상고대도 바람의 방향을 따른다. 눈과 바람이 빚어놓은 산호처럼, 사슴뿔처럼 기묘한 형태를 만들었다. 어느 것 하나라도 자연에 순응하며 살지 않는 것이 없다. 온몸에 스며드는 시린 냉기에도 기분만은 장쾌하다. 청청했던 나무가 눈의 무게로 휘어져 만든 하얀 터널을 지난다. 드디어 광활한 설원 윗세오름이다.

하얗게 뒤덮인 설경이 그야말로 장관이다. 흰색만으로도 이처럼 화려한 풍경을 만들었다. 신비하고 황홀함이 느껴져 마치 내가 다른 세상에 있는 듯하다. 조경된 눈꽃 정원은 대자연만이 만들 수 있는 거룩한 능력이다. 쨍한 햇살이 눈밭에 부딪혀 반사하는 빛이 찬란하다. 상고대에 핀 반짝이는 설화가 환상적이다. 난생처음 살아 있어 좋다는 환희가 느껴진다. 힘들게 올랐지만 성취감과 뿌듯함에 가슴이 벅차다.

돌아가면 한라산 설경을 그려낼 아들의 손길은 바빠질 테다. 계절이 다하면 한라산에 쌓인 하얀 눈은 서둘러 녹겠지만, 아들의 마음을 훔친 세상은 더 이상 찰나가 아니다. 영원히 녹지 않는 순백의 세계로 남겨질 테니까.

동행

사람들의 발길이 한참 끊어진 듯하다. 모처럼 찾아온 인기척에 물숲 새들이 놀란 모양이다. 푸드덕 날개를 치는 소리가 소란스럽다. 그나마 호들갑 떠는 참새 떼가 있어 한적한 섬에 생기가 느껴진다. 김해의 끝자락에서 섬으로 이어지는 작은 다리를 건너 둔치도에 들어선다. 겨울바람에 부대끼는 울창한 대나무 소리가 옛 고향의 정취를 불러준다. 도시를 가까이 두었으나 덜 개발된 까닭에 자연이 그대로 살아 있다.

한해 마무리 즘이다. 올해가 다 가기 전에 따뜻함을 느꼈던 분을 모시고 식사를 핑계 삼아 고마웠던 마음을 전하고 싶었다. 선생님이 한적할 때면 찾아가는 곳이라 했다. 남다른 감성을 가진 분이 찾는 곳이니 그곳 풍경이 궁금했다. 알려준 둔치도는 부산에 살면서도 이름이 낯설다. 서낙동강에 쌓인 모래톱이 섬으로 불리는 곳이란다.

강변을 따라 차가 겨우 비껴갈 정도의 좁은 둘레길을 지난다. 영하의 시린 날씨가 아니라면 강변을 걸어도 운치 있겠다. 느릿하게 나아가는 차 속에서 차창 밖 풍경을 바라본다. 강가에 늙은 갈대가 즐비하게 서 있다. 마르고 연약하게 보이는 갈대가 거친 바람에 허리가 휘어지고 허연 머리털을 바람에 풀어 헤친다. 강바람에 잠시 휘어지고 흔들려도 절대로 꺾이지는 않는다. 누가 갈대를 변하는 여자의 마음에 비유해 노래했을까 싶다. 삶이란 언제나 달콤할 수 없는 것. 세상살이에 잠시 부대끼고 허우적거려도 다시 제자리에 자신을 꼿꼿이 세우는 것이 저 강섶의 얄캉한 갈대다. 아무도 찾지 않는 곳곳에서 흔들리는 갈대를 바라보면 삶이 고달팠던 젊은 한때가 스쳐간다.

차는 천천히 굴러가다 멈추기를 반복한다. 둔치도는 생각지도 못한 풍경을 펼쳐낸다. 길가에 희한한 모습을 본다. 물이 솟는 자리인가 보다. 솟은 물이 그대로 얼어 있다. 그것은 마치 하얀 브로콜리 같기도, 한 무더기 꽃이 피어 있는 것 같기도 하다. 땅에서 치솟는 물로 한겨울 자연만이 만들 수 있는 작품이다. 봐주는 이는 없지만 투명한 땅 고드름이 가녀린 햇살에 오묘하고 영롱한 빛을 발한다.

바라만 보아도 강물은 냉기로 시리다 못해 검푸르다. 물 위에 웅크린 오리 떼들이 오종종 모여 있다. 그들만의 겨울나기를 하는 듯하다. 누가 연습시킨 것도 아닌데 한 줄로 일정한 간격을 유지하며 떠가는 질서가 감동이다. 가까운 곳에서 어미 오리 주위로 새끼오리 몇 마리가 통통한 궁둥이를 하늘로 치솟더니 물속으로 퐁당 잠수를 한다. 어미가 보란 듯 들랑날랑 잔재주를 부린다. 새끼 오리들의 귀여운 잠복질에 동행한 선생님은 웃음이 멈출 줄 모른다. 늘 서두르고 바쁜 모습만 보았기에 편안하게 보이는 모습은 낯설다. 문득 생각이 난다. 글에서 고향이 김해라는 문구를 읽은 적이 있다. 고향이라 이렇게 여유롭고 편안한가.

이곳에 간혹 차를 몰고 와서 커피를 마시며, 고향 쪽을 바라보며 휴식을 취한단다. 선생님이 가리키는 방향으로 내 눈길이 따라가 본다. 도저히 짐작되지 않는 곳이다. 개발로 태어난 집도 사라지고 부모님도 먼 세상으로 떠나버렸다. 차마 그곳까지는 가지 못하고 가끔 이곳에서 고향을 바라보며 그리운 부모님과 어린 추억을 되새김했나 보다. 잎 털어 낸 벚나무가 둘레길 양쪽에 줄지어 섰다. 봄이면 화사한 꽃으로 사람들의 발길을 끌어들였을 것이다. 여름에는 갈대가 무성하여 시원한 강변을 찾는 이들로, 가을에는 고운 단풍에 시선이 따라왔을 테다. 낚시꾼들이 즐겨 찾는 낙원이 둔치도다.

들어선 식당에도 숲을 살려 아기자기 조경된 정원이 정겹다. 막 식사를 마쳤으니 한적한 카페에서 차를 마시며 겨울 강변의 운치를 느껴보고 싶다. 하지만 손님이 넘쳐났을 카페마다 굳게 문이 닫혔다. 영업을 접은 지 오래된 듯 입구에 낙엽과 쓰레기가 흐트러져 어수선하고 삭막하다. 얄궂은 시국으로 둔치도 겨울이 쓸쓸하고 스산해서 을씨년스럽다.

둔치도를 벗어나 찻집을 찾아가는 선생님의 핸들이 익숙한 길인 듯 자유롭다. 잠시 달리더니 길가에 차를 세운다. 굴다리가 놓여 있고 누런 마른 풀이 덮여 황량한 곳을 가리킨다. 삶의 뿌리가 통째로 뽑혀 흔적마저 사라진 땅이 휑하다. 저곳이 선생님이 태어난 안태고향이란다.

마침 근처에 카페가 있다. 달리 갈 곳이 없으니 이층 계단을 올라갔다.

손님의 온기는 찾아보기 힘들다. 설치된 칸막이 진열장에는 지난 월간지와 가벼운 책들이 꽂혀 있다. 사이사이 거꾸로 꽂혀 있거나 옆으로 넘어진 책들로 질서가 없다. 주인장은 영업에 별 애착이 없는 듯하다. 고향을 느껴보려는 선생님의 몸과 마음만 분주하다. 홀 안 여기저기를 살핀다.

선생님이 한때 편집을 맡았던 월간지를 집어 든다. 주인에게 글 쓰는 분이 계시느냐고 묻는다. 오랜 친구를 만난 듯 반가움에 물어보는 마음과 달리 친구 부인이 가져다 놓았다며 건성으로 하는 마른 답변이다. 카페 근처에 살았던 고향 분의 안부를 물어보기도 하지만 몇 년 전 외지에서 와 이 건물을 지어 카페를 운영한단다. 고향의 안부도 기대하기에 무리다. 때 묻은 찻잔과 켜켜이 먼지가 쌓인 곳이 눈에 띈다. 따끈한 대추차를 주문했지만 역시 성의 없이 내어주는 차가 입에 맞을 리도 없다. 선생님의 고향이 사라졌듯 이 썰렁한 카페도 조만간 영업을 접을 것 같은 예감이다.

차 맛과 상관없이 선생님의 눈길은 창밖 이곳저곳 옛 기억만 더듬는다. 우리 집은 저 다리 건너 외진 곳이었고, 저쪽에 집이 몇 가호, 이쪽에도 친구기 살던 동네가 있었단다. 홍수가 날 때면 강물에 별 게 다 떠내려왔으며, 봄이면 냇가에서 개구리를 잡아 팔기도 하고 구워 먹기도, 얼음이 두껍게 어는 이맘때는 신나게 씽씽 썰매를 탔다며 바로 앞 강물을 가리킨다.

낙동강이 정맥이라면 바라보는 작은 강물은 모세혈관처럼 큰 강으로 향하는 새끼 강이다. 그 새끼 강물이 흘러 지금은 큰 낙동강에서 세찬 물살로 거침이 없다. 지금 선생님의 문학 세계가 그렇다. 선생님은 끝없이 기억을 더듬는다. 눈길이 아련해지고 입가에는 미소가 내내 한가득이다.

햇살을 채우다

얼음을 보관하는 곳이니 햇살 한줄기 받을 수 없는 응달진 곳일 거라 생각했다. 입구에 들어서니 넓게 깔린 잔디가 곱고 부드럽다. 그 한가운데 서 있는 소나무 초록 잎이 노란 잔디와 파란 하늘과 어우러져 청청하다. 내 생각과 달리 석빙고는 평평한 땅에 가을 햇살을 한가득 받는 곳에 자리하고 있다.

청도는 가 본 적이 없다. 시조 시인 이영도의 고향이라는 것만은 확실하게 알고 있었을 뿐이다. 푸른 하늘과 물, 사람들의 마음마저 맑고 푸르다고 하여 붙여진 이름이 청도란다. 석빙고 유적지가 있다는 사실을 알게 된 것은 그리 오래되지 않다. 그곳을 찾아가 보기로 한 것이다. 삼백여 년의 가늠할 수 없는 세월을 지켜낸 문화유산 석빙고는 어떤 모습으로 남아 있을까 싶었다.

Sunrise_45.5x33.4cm_Oil on Canvas_2022

지붕으로 덮고 있던 살점 같은 분토는 사라지고 없다. 돌로 이어진 아치형 홍예보는 무너지지 않고 뼈처럼 남아 있다. 무거운 돌로 이어놓은 석빙고 홍예보가 신비스럽다. 석공은 어느 곳에서 자연의 일부였던 돌을 떼어와 석빙고를 축조했을까.

돌을 들어 올린 크레인이나 실어 나를 대형 트럭도 없던 시절이다. 크고 무거운 돌을 어떻게 옮겨 왔을까. 돌에 시멘트를 섞어 붙이지도 않았다. 홈을 파서 연결한 것도 아니었다. 아무리 살펴봐도 철근을 이용한 흔적도 보이질 않는다. 건축문화가 발전하지 않았던 시절, 무슨 공법으로 공중에 반달 곡선을 세웠을까. 골격을 유지하게 했던 기법은 또 어떤 것이었을까. 홍예보를 뻔히 바라보면서도 믿어지지 않는다.

석빙고 내부는 훤히 들여다볼 수 있다. 내부 벽은 얼마 전에 촘촘히 쌓아놓은 것처럼 정교하다. 어느 한 부분도 달라졌거나 변하지 않은 듯하다. 원형 그대로 잘 보존된 상태다. 청도가 품고 있는 옛 보물인 석빙고가 현대 설치미술가의 작품처럼 가히 걸작이라 해도 되겠다. 쌓는 용도에 따라 정으로 석재를 깨고 떼어내어 세밀하게 다듬어 차곡차곡 쌓았을 석수장이들의 손길이 느껴진다. 옛 선조들의 뛰어난 지혜와 장인정신이 오롯이 석빙고에 남겨졌다.

자연 속에 있을 때는 아무도 눈여겨보지 않았을 돌일 텐데. 그러고 보니 세계적으로 작품을 인정받아 명성을 얻고 있는 이우환 작가의 미술관 관람을 했던 적이 있다. 전시된 작품 중에는 흔히 길가에나 야산 중턱이나 계곡에서 보았거나 아니면 무심히 지나쳤을 돌 하나가 작품으로 턱 전시되어 있었다. 단지 작가가 옮겨와 제시했을 뿐이었다. 돌을 다듬어 의도한 작가의 손길이 전혀 보이지 않은 자연석 그대로였다. 옮겨놓은 돌을 바라보며 상상하는 것은 관람자의 몫이었다. 세월을 이어온 석빙고를 살펴보며 무한한 상상 속으로 빠져들게 한다. 석빙고는 선조들의 예술작품이었다. 그렇게 이어온 예술혼이니 훗날 세계적인 작가 이우환 화가가 탄생하는 것은 당연하다 싶다.

얼음 창고를 바라보니 옛 서민들의 고통이 그려진다. 석빙고를 만들 때는 가난한 서민들의 힘으로 만들었을 테다. 겨울이면 하천에서 꽁꽁 언 얼음을 가져와 석빙고에 채워 보관하여 여름까지 사용했다고 한다. 하지만 정작 그들은 한여름 시원한 얼음 한 조각이라도 얻어먹었을까. 더군다나 더위가 심한 경북이 아니던가. 왠지 사람살이가 옛날이나 지금이나 별반 다르지 않을 것 같다. 한겨울 시린 손으로 돌처럼 무거운 얼음을 들고 저 좁은 돌계단을 오르고 내렸을 서민들의 고달픈 모습을 떠올리게 한다.

청도 수백 년의 석빙고에 비할 바는 아니지만, 나에게 기억되는 오래전 광복동 석빙고가 생각난다. 아이스크림이나 얼음과자가 귀했던 시절이었다. 광복동 석빙고는 아이스케키를 만들어 판매했던 너무나 유명세를 탔던 가게였다. 그곳을 익숙하게 드나들었다. 나에게 추억이 많은 곳이기도 하다.

석빙고는 친구와 내가 자주 찾아가는 단골 가게였다. 작은 소쿠리에 담아 줬던 아이스케키는 한입 깨어 물면 입 안이 얼얼하고 달달하고 시원했다. 다문다문 들어있는 팥 알갱이가 씹히는 맛도 좋았다. 아이스케키를 먹을 때는 온몸이 사르르 녹아 한여름 더위를 싹 가시게 해준다. 그 맛을 아직도 잊을 수가 없다.

이제는 마트마다 심지어 변두리 작은 가게라도 영업용 냉장고에는 셀 수 없는 종류의 아이스크림이나 얼음과자를 입맛대로 골라 사 먹을 수 있는 세상이 되었다. 한때 호황을 누렸던 광복동 석빙고도 세월에 밀려갔다. 지금은 여름날에 떠올려보는 아득해진 기억으로 추억할 뿐이다.

석빙고를 보니 참 좋은 세상에 살고 있구나 싶다. 요즘 어느 가정이라도 냉장고 한두 개쯤 없는 집이 없다. 용도에 맞게 출시되는 냉장고는 기능과 디자인, 색상까지도 다양하다. 가정용 냉장고, 김치냉장고, 소주 냉장고, 화장품 냉장고 등, 심지어 원하는 색상을 주문도 가능하다. 사계절 내내 필요에 따라 꽁꽁 언 얼음은 언제라도 꺼내어 시원하게 먹을 수도 사용할 수도 있다. 냉장고가 없다면 단 하루라도 어떻게 살아낼까 싶다. 옛 석빙고를 바라보니 그 시대에 태어나지 않은 것만으로 얼마나 다행인가 싶기도 하다. 냉장고가 없는 세상은 생각만으로도 불편하고 고통스럽게 느껴진다.

오랫동안 광복동에서 삶의 터전으로 살았다. 내가 일선에서 떠나온 후로 세월 따라 광복동 거리도 변해갔다. 새로운 건물이 지어지고 점포마다 업종도 바뀌었다. 석빙고가 있었던 자리가 긴가민가하다. 광복동 석빙고는 사라진 지 오래고 다정했던 친구도 떠났다. 세월이 더할수록 투명한 얼음처럼 옛날은 더욱더 생생하게 비추어지는데 내 눈길은 옛 석빙고가 있던 자리에 맴돌게 된다. 추억이 그립고 친구가 그립다.

헤아릴 수 없는 긴 세월을 지켜낸 옛 석빙고 앞에 서니 한 생도 지켜내지 못하는 사람의 짧은 생이 허허롭고 가뭇없다. 늦가을, 수백 년 세월을 지켜낸 석빙고 안은 얼음 대신 한나절 따사롭고 맑은 햇살만 그득히 채워져 있을 뿐이다.

그림이 그립다

올해의 마지막 달이다. 이런저런 이유로 늦어졌던 수필집이 발간되었다. 여느 수필집보다 색다른 나만의 책을 만들고자 애를 썼던 터다. 다행히 원하고자 하는 책이 출간되어 막 집에 도착되었다.

책이 든 박스를 터서 먼저 한 권을 꺼내 들었다. 스틸에세이공모전 대상작 '붉은 녹'을 두 번째 출간한 책 제목으로 정했다. 겉표지에는 표제와 맞는 이미지로 그가 그린 녹슨 기차 그림에 붉은 띠를 둘렀다. 그 책이 내 손에 들려진 것이다. 뿌듯하고 기뻐해야 할 순간이다. 하지만 알 수 없는 헛헛함과 쓸쓸함이 차오르면서 마음을 걷잡을 수가 없다. 하필이면 그 순간 딸이 카톡을 보내왔다.

친구 주연이가 인스타그램에 남긴 글이라며 한번 읽어보란다. 막 배달되어 쌓아둔 책 박스를 마주하고 앉아 휴대폰을 열었다. 손 글씨로 쓰인 글을 읽기 시작했다.

　첫 번째 고객은 주로 외국에서 활동하셨다는 유명한 화가분이었다. 코시국 불경기임에도 불구하고 그림 한 점이 고액에 거래되어 감사하다며 여기저기 통화를 하셨는데 본의 아니게 대화 내용을 엿들을 수밖에 없었다.
　"제 그림을 사는 이런 분은 돈을 많이 버나 봐요. 뭐를 해서 돈을 벌길래 이 시국에 선뜻 내 그림을 살 수 있었을까요?"
　"돈이 많아서 살 수 있지만 그분에게 고객님의 그림이 가치가 있고 의미 있게 느껴진다면 무리해서라도 샀을 것 같아요. 저도 몇백만 원짜리 그림을 산 적이 있거든요."
　"누구 그림이길래?"
　"아, 제 오랜 친구 아버지가 화가이셨는데 갑자기 돌아가시는 바람에 유작전을 하게 되었거든요. 마음에 드는 건 너무 비싸서 못 사고 적당한 걸로 어머니께 부탁드려서 할부로 샀어요."
　"어느 화가인지 말해줄 수 있어요?"
　"김윤택 화백님이라고…."
　"내가 잘 아는 분이신데 그분이 돌아가셨어요? 안 그래도 요즘 왜 이렇게 활동이 뜸하신가 궁금해하고 있었는데. 부산에서 그림 잘 그리는 몇 분 중에 한 분이셨는데 참 안타깝네요. 그물 같은 거 위에 그리는 화법이 그분 트레이드마크잖아요."
　"맞아요. 제가 산 그림도 그거예요. 해바라기를 사고 싶었는데 너무 비싸서 못 샀어요."

"언제 돌아가셨어요?"

"한 십 년 정도 되지 않았을까요. 그분이 돌아가시고 장례식장에서 꺼이꺼이 우는데 친척분들이 쟤는 누구냐며 의아해해서 민망했던 기억이 나네요."

"아이고 저도 그런 적이 있어요. 내가 힘든 시절에 도와주셨던 은인 같은 분이 계셨는데 그분 장례식장에 가니 그렇게 눈물이 나더라고요. 엉엉 우는데 자제분들이 와서 숨겨놓은 자식으로 오해한다며 그만 울면 좋겠다고 한 적이 있어요. 아이고 세상 참 좁다. 여기서 김윤택님 소식을 알게 되고. 그 친구 만나게 되면 이야기해 주세요. 아버지가 참 대단하셨다고."

그리고 천장을 바라보며 노래를 부르셨다. 들으면 아는 구슬픈 노래였는데 제목이 생각나지 않는다. 내 마음도 뭉클하고 가슴이 아팠다. 내 아버지는 아니었지만 너무 자랑스럽다. 그분과 나누었던 대화들이 참 여운을 남긴다. 대화 내용을 기록해 두고 싶었다. 갑자기 집에 걸어둔 그림이 그립다.

세상을 살아가는데 자신의 모든 것을 터놓을 수 있는 그런 친구 한 명이 있다면 얼마나 성공한 삶인가 싶다. 딸과 주연이는 유치원 시절부터 중고등학교를 거쳐 오늘까지 변함없는 단짝으로 지낸다. 지금은 결혼해서 먼 곳에 떨어져 살고 있지만 둘의 우정은 여전하다. 학창 시절에는 우리 집에서 가족처럼 먹고 자는 날도 많았다. 딸을 너무 사랑했던 남편은 딸의 단짝 친구도 자식처럼 귀엽게 여기며 별 차별을 두지 않았다.

주연이는 아버지가 사업차 중국에 계셨던 이유가 있고 또 사업을 하는 동안 신경 쓰는 일이 많아 딸에게 소홀하게 되어 외로웠나 보다. 그래서인지 늘 다정다감한 아빠를 둔 내 딸이 많이 부러웠다고 한다.

이제는 세월도 흘렀고 누구라도 떠나가는 길임을 알았다. 안타깝고 슬펐던 마음을 접어두기로 다짐했다. 겉으로는 밝은 표정을 지으며 잘 살아왔다. 그런데 마음을 쏟아부었던 발간집이 도착하고 딸이 보내준 카톡 글을 읽는 순간 지금까지 억눌러 놓았던 걷잡을 수 없는 울음이 터져 버렸다.

도착한 내 책을 손에 들고 엄지손가락을 척 올려줄 사람, 제일 먼저 글을 읽고 감동해줄 사람, 무엇보다 자신과 아들 그림이 올려 진 수필집을 만족해하며 뿌듯해야 할 사람, 행복한 표정에 미소를 한가득 지어줄 그 사람이 내 곁에 없다는 사실이 허망하고 아쉽다. 딸에게 전화가 왔다. 딸도 친구 글을 보고 유별했던 아빠의 사랑이 떠올라 한참 눈물을 펑펑 쏟았다고 한다.

퍼질러 앉아 젖은 눈으로 벽에 걸린 그림들을 바라본다. 망 사이로 칸칸이 물감을 채워가던 그의 손길이 흐릿 선명하게 보인다. 그림 속에 그의 모습이 겹쳐진다. 이제는 그도 내 마음속에 걸어둔 한 폭의 그림으로 걸려 있을 뿐. 그림을 바라보면서도 나는 왜 이리도 그림이 그리울까.

김윤택 작가 수업 사진

아들과 걷는 길

　　아들이 종강을 앞둔 즘이다. 여행 일정 동안 변덕스러운 제주도 날씨를 확인하고 비행기 표 예매를 알려준다. 불면증으로 꼬박 날밤을 새우는 최여사를 위해 편안한 수면에 들 수 있는 호텔까지 예약해 두었단다. 세상에 이런 아들 쉽지 않다며 너스레를 떤다.

　폭우가 할퀴고 간 자리에 폭염이 더한 기세를 부린다. 연일 태울 듯 내리쬐는 쨍쨍한 볕살에 슬쩍 주눅이 든다. 우리가 불볕더위에 한두 번 걸었던 것도 아니지 않느냐는 아들의 말에 군말이 필요하지 않았다. 하기야 제주도 올레길은 떠올리기만 해도 가슴속에 시원한 바람이 스친다.

　마침 서귀포 도심을 지르는 3개의 코스, 하영올레길이 만들어졌다고 한다. 그 길을 걸어보기로 했다. 코스가 짧으니 부지런히 걷는다면 하루만에 3코스 완주는 가능하겠다.

코스마다 시작과 끝 지점인 서귀포 청사에서 스탬프를 찍고 발길을 내딛는다. 한더위 땡볕이 차단된 울창하고 촉촉한 숲속 '태평근린공원'으로 들어선다. 계절의 색을 한껏 머금은 햇살에 되비친 초록 잎이 눈부시다. 서귀포에 바다만 있는 것이 아니었다. 용천수가 흐르는 정모시 계곡물이 천지연폭포를 향해 흘러가는 소리가 우렁차다. 맑은 물이 넘쳐나는 소마다 여름을 즐기는 사람들의 목소리가 숲으로 퍼져간다. 여기저기 생명의 소리가 들리는 도심 속의 별천지다. 싱그러운 숲 향과 청아한 물소리에 달고 왔던 앙금졌던 마음이 사라지고 머릿속에 복작이던 생각들이 지워진다.

 웅장한 새연교를 건너 새섬에 들어선다. 바다 곁을 걷는 고즈넉한 둘레길이 새롭다. 아들이 아니라면 어찌 올 수도 볼 수도 없는 곳. 나에게 주어진 귀하고 소중한 시간임이 틀림없다. 느지막이 아들과 걷다 보니 하영올레 코스가 마치 '삼종지도三從之道'에서 마지막 세 번째 길의 의미를 떠오르게 한다.

 굳이 내 처지로 풀어보자면 나의 삼종지도란 이랬다. 세상에 태어나 겨우 몇 년이 지나 아버지는 떠났으니 첫 번째는 따를 길이 없었다. 옛말에 부모가 빈복을 대워준다는 말이 있다. 즉 아버지 복을 타지 못했으니 뽀대나는 삶이란 애당초 무리였던 셈이다. 결혼해서 남편이 만들어 준 두 번째 길 또한 허망했다. 찬란하게 빛났다 한순간 사라지는 무지개였다. 놓쳐버린 이 모든 것들이 나를 허탈하고 공허하게 만들었다. 그런데 삼종지도의 세 번째라 여겨지는 아들과 걷는 길에서 나는 언제나 활짝 웃는다.

 현무암이 울퉁불퉁한 좁고 거친 '서복불로초공원' 외진 숲길을 걸을 때다. 어제 내렸던 비로 축축해진 길바닥에 천 원짜리 몇 장이 흐트러져 있다.

월령포구에서 53.0 × 33.4 oil on canvas_2019

아들과 걷는 길

길에 떨어진 돈을 줍는다는 건 일 원짜리 동전 한 닢이라도 행운처럼 느껴지는 기분 좋은 일이다. 하지만 떨어진 돈이라도 내 돈은 아니니 얼른 다가가서 덥석 줍지는 못한다. "저기 돈이 떨어졌는데" 턱으로 위치를 가리키며 아들에게 알렸다. 들뜬 내 말에 떨어진 돈 앞에서 아들은 냉정했다. 요즘 떨어진 돈을 주우면 경찰서에 잡혀가 조사를 받게 되고 벌금까지 물어야 하니 절대로 줍지 말고 빨리 가자고 나를 다그친다. 아니, 그래도 떨어져 있는 돈인데….

잦아지는 폭우와 유별난 제주도 바람이다. 외진 길 위에 떨어진 지폐가 온전히 제자리에 있을 리 만무하다. 말끝마다 효자라 들먹이며 늘 나를 웃게 했던 아들이다. 그랬던 아들이 결국 엄마와 공범이 되지 않겠다는 확고한 자세로 멀찌감치 외면하고 섰다. 물론 파랗고 노란 지폐가 뭉치로 떨어져 있다면 교양 있는 최여사가 당연히 주인을 찾아 주려 최선을 다했을 테다. 아들도 알다시피 몇 번이나 길에서 주운 두툼한 지갑은 택시비를 지불하고라도 경찰서에 전했던 적이 어디 한두 번이던가. 이런 상황에서는 효심도 없다. 엄마가 잡혀가도 모르는 척 외면할 심사다. 괘씸하다. 제 놈이 뭐라 하든 말든 흩어진 지폐를 주섬주섬 주워 In my pocket.

만사에 야무지지 못한 허술하기만 한 나도 돈을 잃어버린 적이 한두 번이 아니다. 적은 돈이라도 잃고 나면 아쉬운 마음은 쉬 털어내지 못했다. 내가 주운 4천 원을 잃어버리고 아쉬워할 누군가를 떠올려 본다.

어제저녁 바닷가 모래밭에는 얼마 남지 않은 여름 밤바다를 즐기려는 피서객들로 인산인해를 이뤘다. 젊음의 열기로 가득하고 다양한 공연이 펼쳐지고 있었다. 그중에 특별히 드럼 연주자 앞에는 많은 관객이 몰려들어 연주 감상을 즐겼다. 케이팝 노래에 맞추어 톰톰 탄탄 쿵쿵 쨍쨍, 활기차고 신나게 두드리는 드러머의 현란한 연주 솜씨가 가슴을 뛰게 했다. 드럼 연주가 이렇게 자유롭고 에너지가 넘치는 선율을 만들어내는지는 몰랐다. 느지막 여름밤의 특별한 경험이었다. 언뜻 연주자 앞에 놓였던 모금함이 떠오른다. 어차피 임자 잃은 돈이니 오늘 밤 드럼 연주자의 모금함으로 마음을 정한다. 아들이 칠색 팔색하는 것이 아니더라도 차마 내 것으로 하는 것은 아니라는 생각이다.

마을길에 있는 마트에 들렀다. 시원한 얼음 커피 두 잔으로 흐르는 땀을 식힌다. 못 말리는 우리 최여사, 타박하며 아들이 웃는다. 앞으로 떨어진 돈이나 지갑은 절대로 줍지 말고 그대로 두라며 다시 한번 단단히 오금을 박는다.

정직하게 사는 것이 사람의 도리인 줄은 잘 알지만, 만약 결혼해서 며느리가 융통성 없는 네놈과 함께했다면 복장 좀 터졌겠다. 엄마라서 답답한 아들을 이해하고 웃고 산다. 나무라듯 타박하는 내 말에, 여태까지 나름 잘 살아왔고 이대로 가벼운 몸이 되어 자유롭게 잘 살아 낼 것이라며, 누구 복장 터질 일은 아예 없을 테니 최여사는 그만 걱정을 내려놓으란다. 내 뜻대로 할 수 없는 것이 자식 일이다. 어쨌거나 아들과 걷는 하영올레 세 번째 길에서 훗날 떠올릴 큰 웃음 하나 챙겨 다시 길을 걷는다.

자신의 길을 당당하게 살아가는 아들이 위대하다고 느끼는 것을 나는 어미로서 증명한다. 함께한 나의 모든 것들을 기억해 줄 아들이 있다는 사실에도 안도한다. 부드럽고 시원한 바람이 분다. 아들아, 활기차게 남은 길을 걸어가자. 하영올레 세 번째 길을.

회귀回歸

어둠은 채 가시지 않았다. 커튼을 젖히니 어슴푸레 창문에 빗방울 촘촘히 맺혀있다. 어제의 일기예보는 정확했다. 밤새 오락가락 비가 내린 게다. 궂은 날씨 탓인지 새벽이 길다. 어둠이 덜 깬 침침한 시각 예약된 시간을 맞추려 길을 나선다.

달리는 버스 앞창에 세찬 빗살이 부딪치며 물방울을 뿌려 댄다. 경계를 이루면 마주 오는 차량의 강렬한 라이트 불빛에 맺힌 물방울이 핸들의 움직이는 각도에 따라 교차하며 영롱한 빛을 발한다. 잠이 덜 깬 눈으로 바라보는 이른 아침, 찬란한 빛이 몽환적이다. 마침 물방울 그림을 관람하러 가는 차 안에서 본 환상적인 풍경이다.

아들 그림 전시회를 마친 여운을 연계하듯, 지난해 타계한 유명 화가의 그림을 관람하려고 떠나온 길이다. 출발할 때 간간이 내리던 빗줄기는 점점 세차다. 미술관 입구에 들어선다. 비를 맞는 낮은 현무암 검은 돌담이 사철 푸른 나무와 어우러져 싱그러운 풍경으로 다가온다. 휘어진 좁은 숲길이 고즈넉하다. 무성한 비자나무 잎에 모인 빗물이 툭툭 떨어진다. 찰나의 순간, 깨어져 존재할 수 없는 물방울. 그 물방울을 사라지지 않는 영원한 존재로 그려놓은 화가. 그의 그림을 마주하러 떠나온 길이다.

아주 오래전이다. 남편은 밑칠도 하지 않은 거친 마대에 영롱한 빛을 발하는 물방울 하나를 그린 김창열 그림 도록을 유심하게 보았다. 무엇보다 추상화를 그리던 화가가 극사실적 그림을 그리는 것에 감동했다. 쉽지 않은 변화라고도 했다. 그때부터다. 나도 물방울 그림에 관심을 두었다. 그림에 이해도 해독도 부족한 나는 추상 그림보다 사실적으로 묘사한 그림이 감상하기에 편하고 좋았다. 가끔은 전시장에서 한두 점 물방울 그림을 관람하긴 했다. 그려진 그림이 그림자까지 초롱초롱 빛을 발한다. 물방울을 실물처럼 세밀하게 표현한 화가의 능력에 신기해했다.

그렇게 감질나게 보았던 그림을 집중적으로 관람하고 싶었다. 떠나기 전 '제주도립 김창열 미술관' 관람을 예약했다. 그림을 제대로 감상하기로 마음먹었다.

흔히 보는 미술관 건물이 아니다. 검은 현무암으로 건축한 사각형 미술관은 이국적이다. 입구에는 물방울을 상징하는 조형 작품이 놓여있다. 조형물은 모든 것을 자신의 품으로 끌어들이듯 주위의 풍경을 오롯이 담고 있다. 나도 스며들듯 미술관으로 들어선다.

김창열이 기증한 220점은 3개월마다 전시작품이 교체된다고 한다. 이번에는 작가의 평생을 철학으로 삼아온 '회귀' 작품들을 전시하고 있다.

300호 그림은 천자문에 물방울을 배치하는 구도로 그려졌다. 구슬처럼 동그란 물방울이 광채를 발한다. 자세히 보니 똑같은 모양의 물방울이 아니다. 형태가 찌그러졌거나 타원형으로, 또는 물방울이 머물렀다 흘러내렸던 자리가 젖어 눅눅해진 얼룩까지 표현했다. 막 뿌려놓은 듯한 물방울이 조롱조롱 맺혀 있다. 작품은 대체로 대작들이다. 푸른빛과 빨갛고 노란, 초록빛을 띤 물방울이 한자나 낡은 신문지 위에도 그려졌다. 물방울에 되비친 글자가 볼록한 돋보기처럼 확대되어 선명하다. 백 호, 이백 호, 삼백 호의 거대한 캔버스에 수많은 물방울이 각자의 모양으로 또는 다른 빛으로 다채롭다. 노구에 저 많은 물방울 형태 하나하나를 표현하느라 얼마나 힘겨웠을까. 그림그리기에 빠져 육신의 고통마저 느끼지 못했을까. 생생하고 또렷한 물방울은 훅 입김을 불면 금방이라도 또르르 흘러내릴 것 같다.

맑고 투명한 물방울은 주변의 모든 것을 다 투영한다. 좋은 것이나 나쁜 것, 못나고 허물진 모습까지 받아들인다. 어떤 것이라도 다 이해하고 받아주고 다독여 주는 포근한 사람처럼. 그 품속으로 들어가면 정갈해지고 맑아져 곱고 찬란한 빛으로 반영된다. 살아오는 동안 누구에게 따사롭고 밝은 빛이 되었던 적이 있었던가. 내 앞만 챙기느라 둘러보지 못한 지난 내 사유를 유추해 보지만 온통 회색 진 그늘뿐인 것을.

김창열 화가가 '회귀回歸'를 철학으로 삼아온 의미를 느끼게 한다. 물방울에 비친 빛과 그림자는 화가가 쏟아부은 예술의 특성이 고스란히 붓질되어 있다. 화가 역시 누구와 다르지 않았다. 강물에서 물장구치면 놀았던 어린 시절, 전쟁의 고통, 돌아가고 싶은 고향. 만날 수 없는 사람들을

Heavy rain_112x162cm_Oil on Canvas_2022

그리워하는 그리움까지, 다시는 돌아갈 수 없는 모든 것이 표현되어있다. 그렇게 그려진 물방울은 찬란한 빛을 발하는 보석보다 더한 예술로 승화시켰다.

미술관에는 어느 하나라도 물방울과 무관한 것은 없다. 중정의 작은 호수 한가운데는 3개의 물방울 유리 조형 작품이 설치되어 있다. 빛이 달리하는 방향에 따라 오묘한 색을 발한다. 물줄기를 뿜어 올리는 분수도 다르다. 자잘한 수많은 물구슬을 하늘 높이 튕겨 올린다. 치솟는 물구슬은 잠시 광채를 발하고 작은 호수에 떨어져 본래의 물로 돌아간다.

그림은 화가가 평생을 치열하게 살아내며 수없이 쏟아낸 눈물처럼 보인다. 영롱한 빛을 발하고 사라지는 물방울처럼. 지난해 화가는 물방울만 그리던 긴 여정을 마무리했다. 물이 수증기가 되어 하늘로, 다시 땅으로 내려 강물로 흐르듯, 화가의 모든 생이 회귀되어 독특한 사각형 미술관에 고스란히 살아 있다.

미술관을 나선다. 잠시 내린다던 예보와 달리 온종일 내리는 빗줄기가 거세다. 비를 맞는 나무가 바람에 흔들린다. 나뭇잎이 눈물처럼 주르르 물방울을 흘린다.

우도봉 등대

바닷바람이 밀고 오는 갯내음이 정겹다. 우도 정상 등대로 가는 절벽 능선길이 아슬아슬하다. 마치 엎디어 있는 소의 등줄기를 걷는 듯 조심스럽다.

아버지는 한 가정을 지켜내는 등대 같은 존재다. 더구나 바다를 삶의 터전으로 살아가는 뱃사람들에게 등대란 같은 의미일 게다. 오래전 우도는 몇 차례 다녀갔지만 우도봉 정상에는 한 번도 오른 적이 없다. 먼 곳에서 아늑히 바라만 보았던 등대를 오늘은 가까이서 보기로 했다.

검은 돌담길 따라 수국이 붉고 파란, 보라와 엷은 분홍색으로 곱고 풍성하게 꽃을 피웠다. 오월의 꽃 수국이 마음을 잡아 발길을 더디게 한다. 검은 소가 가는 길을 막고 서서 큰 눈만 껌벅인다. 비켜줄 생각은 아예 없는 듯, 한 발짝도 물러서지 않는다. 이미 까맣고 큰 덩치에 주눅 든 나는

우도에서 45.5×27.3 oil on canvas_2018

소를 피해 돌아서 발걸음을 재촉한다.

　황소들도 넓은 초지에서 한가롭다. 돌담을 사이에 두고 소와 가까이 마주 선다. 섬을 상징하는 황소는 우도의 주인답게 우직하고 당당하다. 맑고 선한 눈빛이다. 늠름하고 잘 생겼다. 큰 몸집은 기골이 장대하고 윤기마저 자르르하다.

　얼마 전, 대기업 회장님이 생전에 소장했던 귀한 작품들을 현대미술관에 기증으로 화제가 되었다. 걸작인 황소와, 흰 소 그림은 뉴스 화면으로 잠깐 보았다. 그림에서 황소 뿔은 국궁 활의 휘어진 날개처럼 보인다. 화가 난 듯한 소는 두 뿔을 힘차게 세워 당장 누구라도 맞설 태세다. 입은 크게 벌려 있고 선이 굵고 거친 붓질로 그려졌다. 마치 입으로 울화를 토하는 화가의 처한 고통이 소의 그림으로 표현된 듯하다. 그림을 그리는 가족이 있어 화가의 힘들었을 현실이 이해되면서 마음이 찡했다.

　소는 옛날 시골 농사일에 없어서는 안 될 필수 가축이었다. 그런데 우리 집에는 소를 키우며 관리할 사람이 없었다. 그러니 농사철만 되면 엄마의 애타는 모습을 보게 된다. 소가 없고 논밭을 갈 장골도 없다. 늘 다른 집 농사일이 끝나고서야 소도 일손도 구할 수가 있었다. 그때 어린 마음에도 엄마의 모습이 안타까웠다. 한 가정을 보호하고 지켜내는 등대 같은 아버지가 있고 소 있는 친구가 너무 부러웠다.

　그 시절 소는 가정에서 재산목록 일호였다. 소를 키워 자식 등록금을 마련했다. 오죽했으면 소를 키우고 뼈 빠지게 농사를 지워 교육비를 마련해야 했던 부모님의 헌신적 사랑으로 공부시킨 대학을 '우골탑'이라 표현했을까 싶다. 농촌 아버지들이 소를 팔아 자식 교육을 했듯이, 화가인 남편도 소 그림을 그렸다. 아들과 딸이 대학을 들어가니 나의 경제활동으로는 한계가 느껴졌다. 애쓰는 나를 지켜보던 그가 마음을 달리한 것이다.

 소들이 넓은 초원에서 풀을 뜯고 있는 그림을 그렸다. 또는 엎드려 여유 있게 되새김하는 엄마 소 곁에 어린 송아지도 그려 넣었다. 여러 가지 구도를 바꾸어 그린 서정적인 작품에 사람들은 옛 고향이 그리워서인지 그림을 구매해 갔다. 잘 그렸던 소 그림으로 별 어려움 없이 두 남매는 최고 교육과정까지 무난히 마치게 되었다. 그도 한 가정을 건사하는 가장이었기에 소임을 져버리지 않았다. 묵묵히 바다를 바라보고 서 있는 소를 보니 예술과 가장으로 치열하게 살아야 했던 그가 그리워진다.

 다시 등대를 향해 느려진 걸음을 재촉한다. 세찬 바람이 내딛는 발길을 멈추게 하지만 굴하지 않고 경사진 '쇠머리오름'을 오른다. 이미 먼 길을 걸어 낸 터라 발길이 무겁고 몸이 슬슬 지쳐간다. 고개를 들어 정상까지 올라가야 할 높이를 가늠해 본다. 올려다본 정상에는 생각과 달리 하나의 등대가 있는 것이 아니다. 뜻밖에 하얀 등대와 빨간 모자를 쓴 등대가 마치 강하고 잘생긴 황소 뿔처럼 당당하고 늠름한 모습으로 나란히 서 있다.

 발길을 재촉하며 마지막 오름의 계단에 올라선다. 정상 초입에 서니 먼저 하얀 등대가 나를 맞이한다. 제주 최초의 등대다. 하얀 등대는 오랫동안의 소임을 곁에 선 현 등대에게 넘겨주고 이제는 등대 문화유산으로 지정되었다. 마치 백옥 두루마기를 입은 꼿꼿한 선비처럼 반듯하고 고고하다.

 몇 발자국 떨어진 위치에 서 있는 현 등대가 서 있다. IT 기술을 접목하여 광력을 증강시켜 모든 기능이 최신 시설로 갖추었다 한다. 현대에 걸맞게 빨간 모자를 쓰고 있다. 이제는 멈춰버린 구 등대를 대신하는 똑똑한 젊은 등대가 밤마다 강렬한 빛을 발한다. 먼 바다까지 쏘아 어두운 망망대해 뱃길을 밝혀 주는 임무를 수행하고 있다.

두 등대 사이에 서 본다. 정상 아래 작은 섬 우도가 한눈에 들어온다. 유난히 짙은 코발트빛 바다 한가운데 오도카니 떠 있는 섬. 빨갛고 파란 색색으로 덧칠된 집들이 푸른 바다와 어우러져 멋진 풍경을 펼쳐낸다.

봄바람에 떠밀려 걷잡을 수 없는 마음에 떠나온 곳이다. 일찍 남편을 잃어 일손이 없고 논밭 갈 소가 없어 애태우던 너무 젊고 고왔던 내 엄마의 모습도, 캔버스에 끝없이 붓질을 해대며 예술혼을 활활 불태우던 그도 떠났다. 등대 없는 캄캄한 밤바다처럼, 돌이킬 수 없는 안타깝고 허탈했던 지난 시간들이었다.

채워왔던 상념들이 비워진다. 출발하는 여객선에 오르기 전 고개를 돌려 우도봉을 바라본다. 오늘 밤도 변함없이 우도 뿔 등대는 강렬하고 힘찬 섬광을 쏘아댈 것이다. 영원한 등대 하나 가슴에 품는다.

암초꽃

칠월은 단아한 연꽃이 피는 계절이다. 이렇듯 연꽃철이 되니 덩달아 바다에도 연꽃이 피었다. 짠 바닷물을 머금고 피어나서일까. 육지에서 핀 연꽃보다 붉고 진하다. 암초가 씨방을 밀어 올려 활짝 피워낸 '연꽃등대'다.

주위에는 숱한 꽃이 지천으로 피는 철이다. 그중에 연꽃은 예로부터 화가나 문학가들의 작품 소재가 되기도 한다. 옛 그림이라면 주로 동양화에서 많이 보게 된다. 조선시대 김홍도도 연꽃 그림 '하화청정도'를 남겼다. 또한 문학으로는 효녀 심청 단편소설 속 한 대목이 연상된다. 효심에 감동한 용왕님이 심청을 연꽃에 태워 다시 세상으로 돌려보냈다는 내용이다. 그리고 내가 직접 체험했던 적도 있다. 함안에서 700년 전 연 씨가 발아되어 개화했다는 소식에 함안박물관으로 달려갔다. 아라홍련이란 이름이 붙여진 연꽃과 조우했다. 고려시대 연꽃으로 온전하게 피운 꽃을 보는 순간은 나도 그 시대 사람인 듯 혼돈스러웠다. 신비하고 뭐라 표현할 수 없는 감동과 전율이 느껴졌다. 그런데 오늘은 바다에 핀 연꽃을 보게 되었다. 해운대 앞바다에 솟은 붉게 핀 연꽃은 무슨 의미를 담고 있을까. 부산의 꽃인 선홍색 동백도 있지 않은가. 하필이면 연꽃등대였을까.

불교에서는 깨달음의 꽃이라 하여 불교의 상징처럼 여긴다. 어느 사찰에서라도 연꽃 문양을 흔하게 보아왔다. 탱화나 부처님 좌대, 연꽃 문살, 심지어 못에도 연이 심어졌다. 그 연꽃이 거칠고 험한 바다 암초에서 꽃을 피웠다. 오래전 APEC 정상회의 기념으로 세웠다고 하지만, 오가는 선박들이 바다 밑 바위섬을 피해 갈 수 있도록 예비하였다는 편이 더 진정성이 있어 보인다. 바다에서 조난으로 떠난 이들의 원혼을 위로하려 극락에서 핀다는 연꽃으로 등대를 세웠나 보다.

갯마을 사람들은 바다에 기대어 삶을 살아낸다. 남자들은 먼 바다로 뱃길을 떠나 고기를 잡고, 여인네들은 연당처럼 질펀한 갯벌에서 삶을 건져 낸다. 일기예보도 없었던 시절 어부들은 바람의 세기와 방향을 짐작만으로 주업을 떠났을 테다. 등댓불이 없는 캄캄한 뱃길은 얼마나 험난하고 지난했을까. 때로는 거세진 풍랑을 만나 영영 돌아오지 않은 경우도 허다했겠다. 그런 이유로 바닷가 마을에는 유난히 과부들이 많았다. 어촌 사람들의 애환을 소설가 오영수는 놓치지 않았을 테고, 그렇게 단편소설 '갯마을'이 탄생되었는지 모르겠다.

영화 갯마을의 촬영지가 마침 이 근방이라고 한다. 고달프게 살았던 바닷가 마을이 이제는 도시화하여 아파트가 숲처럼 촘촘하다. 독특하게 지어진 건물마다 화려한 불빛을 발하여 몰려드는 외지 사람들의 눈길을 유혹한다. 해변에 늘어선 카페들과 고급 음식점들이 부산을 찾아오는 많은 관광객을 맞이하는 문화의 도시로 탈바꿈되어 있다. 격세지감이 느껴진다.

지금 선박들은 어느 밤바다를 항해할지라도 뱃길을 안내하는 등대가 있어 든든하겠다. 그리고 최첨단 장비가 설치되어 바다 밑 암초가 확인되고, 악천후를 피해 안전하게 항해한다. 과학이 발전한 요즘과 달리 옛 선원들의 선상생활은 얼마나 긴장되고 초조했을까.

등잔 밑이 어둡다는 말이 있듯, 제법 오래전에 세워졌다는 연꽃등대를 오늘에서야 보게 되었다. 해운대라면 전국 남녀노소가 다녀가고 싶어 하는 명승지다. 진즉 부산에 사는 나는 이곳을 다녀갈 생각을 못했다. 타지의 사람들은 바다를 부산의 상징처럼 여긴다. 그리고 늘 바다를 끼고 사는 부산 사람들을 부러워한다. 그들이 부러워하는 멋진 바다 비경을 곁에 두고도 풍경을 즐길 시간도 마음의 여유도 없었다. 섬에서 태어나고 자란 나는 바다가 놀이터였다. 그랬던 내가 어쩌다가 푸른 바다에 대한 마음이 무뎌지고 덤덤해지고 퇴색되어 버렸다.

언제나 감정이 들쑥날쑥하는 바다다. 여름이며 태풍이 거친 파도를 세워 성난 괴물처럼 등대를 집어삼킬 듯이 덮쳤을 테고, 쏟아지는 폭우도 사정없이 맞았을 테다. 그런 세월을 고스란히 견뎌 낸 연꽃등대가 오늘도 변함없이 그 자리를 지켜내고 있다.

요즘 어느 항구 어떤 섬을 가더라도 희고 붉은 색으로 다양한 모양의 등대를 보게 된다. 미포 앞바다 연꽃등대는 흔히 보던 등대가 아니다. 붉게 핀 꽃으로 세워진 등대가 마치 조형 예술작품 같다. 송정으로 향하는 선로길 데스크에 선다. 바다 한가운데 붉은 꽃을 활짝 피운 등대에 저절로 눈길이 간다. 해변 열차를 탄 사람도, 그 위에서 느긋하게 달리는 모노레일을 탄 누구라도 푸른 바다 한가운데 피어 있는 붉은 꽃을 바라보게 된다. 연꽃등대는 해운대의 또 하나의 풍경이 되겠다. 어느 곳 어떤 등대라도 바라보았을 때의 느낌은 늘 외로워 보였다. 하지만 저 등대는 많은 사람의 눈길을 받을 테니 그리 외롭거나 쓸쓸하지는 않겠다.

아무리 유능한 선장이라도 캄캄한 밤 뱃길에는 등대 불빛이 필요하다. 나 역시도 망망대해에서 표류하는 배처럼 등댓불이 필요했나 보다. 갈피를 잡지 못하던 마음이 연꽃등대를 바라보는 동안 서서히 방향을 잡아 마음이 평온해진다.

이제 이 계절이 지나가면 연꽃은 시들어지고 말겠지. 그러나 영원히 시들지 않는 붉게 핀 암초꽃 연꽃등대는 오늘밤도 번쩍이는 섬광을 발하며 해운대 밤바다를 지키고 있다.

집필을 마치면서

나는 유명한 작가로 인정받기 위해 글을 쓴 적은 없습니다. 그저 문학 언저리에 있어도 쓸 수 있으니 그것으로 족합니다. 혹은 과한 욕심이 되는지 모르겠습니다. 발간된 수필집에서 읽어주는 분들의 기억 속에 오래 남겨지고, 다시 되뇌는 단 한 편의 작품이 있다면 그것으로 글을 쓴 보람이 되겠습니다.

창작이란 고통은 있지만 완성된 작품이 주는 희열이 있으니 쓸 만합니다. 만약 글을 쓰지 않았다면 내 삶이 얼마나 팍팍하고 무료했을까 싶네요. 글을 쓸 수 있는 지금의 내가 좋습니다.

바닷길, 비탈진 산길에서도, 내 앞뒤를 지켜주는 아들이 있으니 든든합니다. 낯선 여행길 비경 앞에서 함께 감탄하고 감동했던 순간을 그려, 엄마의 수필집에 올려 준 아들, 살갑게 챙겨주는 딸네 부부, 사랑스러운 손자, 두 손녀, 나의 든든한 울타리들입니다. 지금 내가 웃을 수 있는 이유이지요.

  올여름 더위는 대단합니다. 쩡쩡 울리는 매미 소리에 하늘이 울리고 땅이 요동칩니다. 여름이 더운 건 당연하지만 일상을 견뎌내기란 쉽지 않습니다. 세상에 영원한 것은 아무것도 없습니다. 연일 이어지는 폭염도 기승을 부리는 열대야도 얼마 못 가서 기세가 꺾일 테지요.
  줄줄 흐르는 땀과 숨이 턱턱 막히는 폭염을 견뎌내며 집필을 마칩니다.

2024년 최영애

최영애 수필집

청색 머플러

인쇄 2024년 10월 25일
발행 2024년 10월 30일

지은이 최영애
발행인 서정환
펴낸곳 수필과비평사
주소 서울특별시 종로구 삼일대로32길 36(익선동, 윤현신화타워) 305호
전화 (02) 3675-3885 (063) 275-4000, 252-5633
팩스 (063) 274-3131
이메일 sina321@hanmail.net
출판등록 제465-1984-000004호
인쇄·제본 신아출판사

저작권자 ⓒ 2024, 최영애
이 책의 저작권은 저자에게 있습니다. 서면에 의한 저자의 허락없이 내용의 일부를 인용하거나 발췌하는 것을 금합니다.
COPYRIGHT ⓒ 2024, by Choi youngae
All right reserved including the rights of reproduction in whole or in part in any form.
저자와 협의, 인지는 생략합니다.
잘못된 책은 바꿔 드립니다.

ISBN 979-11-5933-551-8 03810
값 15,000원

Printed in KOREA

본 사업은 2024년 부산광역시, 부산문화재단 〈부산문화예술사업〉으로 지원을 받았습니다.